La Santé et les Causes des Souffrances

Larisa Seklitova
Ludmila Strelnikova

La Santé et les Causes des Souffrances

La série : « La Magie de la Perfection »

Edition : BoD - Books on Demand
12/14 rond-point des Champs Elysées
75008 Paris
Imprimé par BoD – Books on Demand, Norderstedt
ISBN : 978-2-**3220-8431-9**
Dépôt légal : **Octobre 2017**

<u>Réédition : Décembre 2020</u>

Seklitova L., Strelnikova L., 2016.

LA SANTÉ ET LES RAISONS DES SOUFFRANCES.
La série "Une magie de la perfection".

Ce livre représente les raisons des maladies du point de vue de l'énergie, de nouvelles méthodes de traitement, ainsi que des raisons de la souffrance d'un humain, des péchés et de leur rédemption. Le lecteur va apprendre s'il y aura des souffrances dans le futur et si elles sont présentes dans la Hiérarchie de Dieu. Le livre révélera les secrets de la mort de l'homme, la préparation à la mort sur un plan subtil et le prolongement de la vie. Le lecteur va apprendre l'information sur le Jugement dernier, le purgatoire et sur ce qui l'attend après. Il découvrira de nombreuses connaissances étonnantes sur ce qui est dissimulé de ses yeux.

L'information est obtenue sur la base de contacts avec la Raison Supérieure

Chapitre 1

La présentation du matériel sous forme de cours permet de le simplifier et réunir plusieurs concepts en un seul sujet. Nous utilisons donc cette forme pour résumer l'information interactive et créer une vision holistique des choses.

Nos cours aideront le lecteur à réfléchir sur sa vie et voir les gens sous un aspect complètement nouveau.

Tous les cours apportent aux gens de nouvelles énergies du futur et leur permettent de construire leurs âmes avec des énergies lumineuses pures de la Race d'or qui forment les propriétés des surhommes de l'avenir. Remplissez vos âmes avec de nouvelles énergies! Plus vite vous les remplissez, plus vite vous deviendrez des surhommes à plusieurs capacités étonnantes.

Cherchez à vous avancer dans ce monde au moins de quelques pas et anoblir les qualités de votre âme pour suivre l'évolution et ne pas vous retrouver un jour dans ses postes de collecteurs des ordures. Lisez, réfléchissez, posez des questions — cela élargira votre esprit.

Un regard ésotérique sur la santé d'un humain

La santé, c'est ce qui intéresse un humain le plus, parce que, comme on dit: «Si l'on n'a pas de santé, on n'aura rien». Mais un humain est fait ainsi, qu'il s'en souvient que lorsqu'il n'en a plus.

La santé est un certain état du corps dans lequel une personne se sent confortable et est en mesure de fonctionner normalement et de créer le nouveau.

Le souci constant d'un humain de sa santé a créé des domaines puissants de l'industrie — la médecine et la pharmacologie. Maintenant, de nouveaux domaines de la connaissance s'y sont rejoints qui ont pour but de détecter un lien entre l'état d'un humain et le monde extérieur. Nous avons commencé à étudier la perception extrasensorielle, la médecine traditionnelle, la bioénergie, l'astrologie médicale et d'autres. Tout cela permet à une personne de progresser dans sa cognition et de découvrir de nouveaux liens entre un humain et la réalité qui l'entoure.

Des recherches en médecine ont donné à un humain de solides connaissances sur le traitement des maladies. Cependant, la vie n'a pas été prolongée, un humain n'a pas atteint un âge souhaité pour chacun d'une centaine d'années.

Mais posons-nous une question: pourquoi des maladies sont données à un humain? Pour qu'il souffre? Ou c'est un mécanisme de régulation de son comportement?

La science explique tout de manière qui nous est simple et familière: «Tombé malade, parce qu'il avait pris froid. Cassé sa jambe étant tombé maladroitement. Né handicapé à cause des anomalies dans le corps de la mère», etc. Tout cela est des explications tout à fait acceptables.

Mais l'ésotérisme donne une compréhension tout à fait différente de tout. Nous allons parler de ce qui nous est bien connu, mais d'un autre point de vue, qui est construit sur la base de nouvelles connaissances qui nous sont accordées suite aux contacts avec les Supérieurs. En même temps, nous ne sommes pas engagés dans la pratique. Notre objectif est de donner à un humain des connaissances théoriques qui l'avanceraient vers une compréhension progressive du monde et de ces processus. Finalement, cette compréhension l'aide à changer le mode d'existence et normaliser sa santé...

Il n'y a rien qui existerait par lui-même, pour lui-même et pour ses plaisirs. Si quelque chose est créée dans le monde, c'est surtout à des fins spécifiques pour soutenir les processus vitaux d'autre chose. Les minéraux, le sol sont créés pour cultiver la flore, la faune et l'homme. Les arbres produisent l'oxygène que les gens respirent, le ver desserre le sol, l'oiseau nettoie les jardins de parasites, etc., chacun est conçu pour une fonction utile. Seul un humain par sa nature égocentrique s'est attribué au rang spécial des êtres particuliers et supérieurs qui sont créés pour eux-mêmes, et tout est créé pour eux. Mais ce n'est pas le cas. L'homme a aussi **le but de la création - de produire de l'énergie pour certaines structures.** Donc, il dispose d'un certain nombre de fonctions destinées à soutenir leur activité.

Les connaissances ésotériques sont des connaissances

accordées par les Hauts Maîtres. Mais Ils n'expliquent pas du point de vue des événements actuels de notre vie mais du point de vue du développement du cosmos et des transformations globales.

L'ésotérisme attribue à toute une nuance particulière de la nouveauté. Il regarde les profondeurs du processus et fait découvrir à un humain des côtés qui restent invisibles pour plusieurs.

Les connaissances ésotériques nous permettent de comprendre les origines des maladies et tout ce qui se passe avec un humain, dans leur sens cosmique, dans l'unité du genre humain avec les Hauts mondes et l'univers entier.

Mais pour que les auditeurs comprennent le conférencier, rappelons-nous sur quels principes de base les nouveaux concepts sont basés.

1. La **matière** est **l'énergie** dans sa gamme inférieure.

2. **Tout** dans l'univers et sur la Terre, y compris l'âme humaine, **est basé sur les conversions des énergies et leur transformation d'une forme à une autre.**

3. **L'homme est une machine bioénergétique**, créée par les Hauts Créateurs en vue de transformer les énergies d'un certain Niveau et participer aux processus énergétiques du Cosmos matériel, de la Terre et des mondes subtils.

Il est important de se rappeler que **l'homme** n'a pas **été créé** pour un passe-temps vide mais **aux fins spécifiques** de Dieu et des Hauts Systèmes de Son Hiérarchie. **S'il y a un but de création, alors** c'est que **chaque personne a certaines responsabilités devant les Créateurs et son environnement.**

Mais son corps matériel est construit de telle sorte que, en convertissant les énergies d'une forme à une autre, un humain perfectionne son âme. Donc, en **travaillant pour les autres, un humain se développe lui-même.** Et cela représente une grande sagesse des Créateurs.

Le principe suivant, le quatrième, de nouvelles connaissances ésotériques:

4. **L'âme est construite de différents types d'énergie de la gamme basse à celle haute. Les énergies qu'elle avait acquises forment le potentiel énergétique de l'âme qui représente l'indicateur principal de sa progression et de son évaluation par les Supérieurs.**

Plus une âme accumule des énergies, plus grand est son

potentiel énergétique et plus haut est son Niveau du développement.

5. Pour qu'une personne adhère à l'objectif de développement, **elle reçoit un programme de développement**. Il n'y a pas un seul être vivant ou état, processus ou <u>mouvement d'une particule élémentaire</u> dans l'univers qui se produirait sans programme.

Le programme relie chacun par des processus énergétiques avec les Hauts Systèmes Cosmiques et avec la Terre, car c'est par son intermédiaire qu'il y un échange des énergies entre le Monde Supérieur et inférieur. Les Hauts Maîtres envoient l'énergie à un humain **qui la transforme par ses actions et les fonctions de son corps** et envoie une partie de l'énergie transformée à la Terre et en rend une partie aux Supérieurs. Cependant, lui-même et tous ses organes sont liés avec les planètes du système Solaire par des processus énergétiques. L'astrologie le confirme. Donc tout homme qui se trouve en circulation intense des énergies, est dicté par son programme. Ce dernier forme dans son intérieur des processus nécessaires, à travers ses actions et son activité vitale.

Donc **le non-respect de ses responsabilités fonctionnelles devant le cosmos et les Supérieurs conduit un humain aux maladies et aux autres problèmes dans sa vie.** Les Supérieurs forment exprès le corps humain de telle manière que le non-respect du programme, ses dérogations provoquent des perturbations dans la formation de la personne.

Du point de vue antérieur, le «Mode de vie sain» comprend une alimentation équilibrée, la pratique du sport, le respect d'un horaire de sommeil et de repos. Tout cela est bien connu d'un humain moderne. Mais le mode correct de vie est un mode de fonctionnement de la forme biologique d'un humain où son programme de vie est accompli correctement. Quand on change, par exemple, les conditions du déroulement dans le processus physique, c'est-à-dire, on change le régime de travail, on aura un autre résultat selon sa qualité. De même avec un humain, s'il change le mode de son existence, il se détourne des actions correctes, cela entraîne le fait qu'il commence à produire l'énergie d'une mauvaise qualité, un rebut.

Compte tenu des nouveaux principes de la compréhension du but de l'existence d'un humain, on peut étudier sous un nouvel aspect le mode de vie sain. Donc, «**le mode de vie correct**» qui est similaire à «l'existence saine», **c'est un mode d'existence qui permet à un humain d'accomplir avec précision le programme de sa vie.**

Cela signifie qu'une personne produit pour les Hauts mondes une énergie de qualité et de quantité requises, qui était prévue par les Supérieurs par rapport à elle.

Mais si le mode de vie correcte n'est pas respecté, c'est comme si la personne avait pris la mauvaise direction et avait produit le mauvais résultat. Pour un humain la situation pareille est accompagnée par le fait qu'il ne produit pas des énergies qualitativement et quantitativement, donc il a des dettes devant le Cosmos et les Supérieurs qu'il devra rattraper à travers les maladies et les situations compliquées de sa vie.

Les raisons de la présence des maladies chez un humain

Nous supposons qu'un humain a été créé par Dieu en tant qu'une certaine forme matérielle de l'existence pour Ses Objectifs Divins. Ainsi, la question se pose immédiatement: pourquoi Dieu n'avait-il pas créé un tel exemple de l'homme qui ne soit jamais malade? Est-ce que Dieu et les Supérieurs bénéficient du fait que leurs élèves soient infirmes et n'auraient-ils pas plus de profits d'un humain en bonne santé, constamment au travail?

Pour répondre à cette question, rappelons-nous qu'il y a deux types principaux de maladies:

1) les maladies qui apparaissent en cours de la vie actuelle à cause d'un style de vie pauvre et

2) les maladies allant des incarnations précédentes en raison de non-respect par l'individu du programme de l'existence passée. Ce sont des maladies karmiques.

Mais les maladies n'ont pas pour objectif de faire souffrir un humain de la douleur et de se sentir mal à l'aise.

La maladie est donnée à un humain d'en Haut pour qu'il prend conscience de quelques moments de sa vie. Parfois, elle l'empêche de commettre de mauvaises actions. Par exemple, un adolescent malade ne sera pas si outrageux comme un jeune homme sain sans limites. Autrement dit, il y a des **maladies préventives** qui ne permettent pas à une personne de commettre de mauvaises actions et en acquérir des qualités négatives. Le patient ne pense plus aux divertissements mais à la façon d'échapper aux griffes de la maladie et ne pas mourir, donc ses actions seront dirigées à la recherche des méthodes du traitement. Il apprendra à s'abstenir afin de prolonger sa vie, à restreindre ses désirs,

11

à savoir, les gérer. Par conséquent, les maladies peuvent aussi faire du bien à un humain.

1. Elles élèvent l'individu et développent sa pensée.

2. Elles lui apprennent à prendre soin de sa couche extérieure et à se rétablir.

Si un humain ne tombait pas malade, tels domaines d'industrie comme la médecine et la pharmacologie ne seraient pas apparus. Mais quand il tombe malade, il cherche à se débarrasser des sentiments désagréables, ce qui le pousse à connaître soi-même et faire influencer le monde autour de lui sur son corps. Un humain commence à se demander pourquoi ceci et cela se passe avec lui, d'où viennent des symptômes douloureux, où ils prennent leurs sources et comment peut-on les éteindre? Une maladie fait apparaître beaucoup de pensées chez un humain. Il commence à comparer, chercher des moyens de faire face aux sensations désagréables. Son esprit se réveille et commence à résister à la maladie en mobilisant toute sa force intérieure cachée.

Pour se remettre, un humain commence même à inventer: il a fait tant de médicaments, d'onguents, des exercices de yoga, des boissons à base de plantes, d'équipement médical qu'il ne reste qu'à s'étonner de cette diversité et du désir de se rétablir. Pour le faire, il est prêt à se battre sans relâche avec les dysfonctionnements de son corps et passer tout son temps libre en se traitant.

Autrement dit, nous voulons dire qu'**un humain a pu transformer le côté négatif de la maladie en un côté positif de sa cognition et du développement de son âme.** Ainsi se forme la résistance de son esprit, son optimisme.

Par conséquent, on peut citer les raisons suivantes pour lesquelles Dieu n'a pas fait un humain tout à fait en bonne santé mais lui a permis de tomber malade et d'en souffrir.

Qu'est-ce que la maladie donne à un humain:

1. Les maladies purifient un humain et l'aident à rattraper son karma;

2. La maladie rend un humain plus humain en formant en lui une compassion pour les autres, en lui apprenant à soigner les malades et les infirmes, donc son âme acquiert des qualités positives. Toute la médecine est basée sur l'humanité, sur un grand amour pour le patient. (Nous ne parlons pas ici des mauvais sens que choisissent certains médecins, lorsqu'ils ne sont pas guidés par l'humanité mais par la cupidité et l'intérêt).

3. La maladie aide à corriger les conséquences d'un mauvais mode de vie et nettoie partiellement le karma;

4. Elle développe la fermeté d'esprit;

5. La maladie contribue au développement de l'intelligence humaine et à la progression de l'âme car c'est grâce aux diverses maladies que de nombreuses branches de la connaissance se sont développés: la virologie, l'homéopathie, la pharmacologie, l'équipement médical, et la médecine elle-même a reçu de nombreux domaines de développement (chirurgie, médecine interne, orthopédie, oncologie, cardiologie et ainsi de suite). Le service sanitaire et épidémiologique est apparu également en raison de la lutte pour la santé humaine.

Bien sûr, il ne faut pas oublier que:

6. La maladie est donnée à une personne comme un châtiment pour son mauvais mode de vie. Par exemple, certaines maladies respiratoires apparaissent suite à une négligence envers soi-même, aux méthodes de durcissement, au manque de travail approprié des services sanitaires et épidémiologiques, aux conditions contraires aux normes sanitaires.

Les maladies chroniques sont données à un humain pour ses dettes énergétiques qu'il fait en raison d'un mode de vie incorrecte.

7. Le non-respect des instincts de survie entraîne l'endommagement physique de la couche extérieure d'un humain et de ses organes. Si une personne ne respecte pas certaines règles d'existence, par exemple, dépasse la limite de vitesse sur la route, elle tombe dans un accident. Son corps est endommagé. Si une personne ne respecte pas les normes de sécurité au travail ou chez elle, elle peut aussi être endommagée, se couper, se casser un bras ou une jambe.

Ainsi, c'est un humain même qui est responsable de sa maladie, soit son entourage.

Cependant, comme cela a été mentionné ci-dessus, contribue au développement de l'individu. Le corps souffre, mais il y a une âme qui progresse.

Mais passons à l'histoire du genre humain.

Dans le passé, certains peuples avaient une grande culture du corps. Par exemple, les Grecs avaient développé le sport, toutes sortes d'événements sportifs. Auparavant, il n'y avait pas de grosses personnes d'une centaine de kilogrammes ou plus, comme maintenant. Les gens savaient que des exercices physiques contribuent à améliorer la santé.

Ils avaient aussi développé le traitement de toutes sortes d'herbes et l'aromathérapie. Les reines antiques se baignaient dans un bouillon d'herbes, maintenaient la jeunesse et la beauté de leur peau avec des ingrédients naturels.

Mais à partir d'un certain moment du développement du genre humain les Supérieurs lui ont donné encore deux méthodes de traitement: la chirurgie et les méthodes traditionnelles, y compris le travail avec des énergies. L'homme a été confronté à un choix. Et les gens ont préféré une intervention chirurgicale dans le corps car elle a fait un effet visible et immédiat contre la douleur. Un humain a compté plus sur la chirurgie que sur lui-même, donc, il a arrêté de travailler sur son corps, de le renforcer pour maintenir sa haute aptitude au travail. Autrement dit, il a espéré à une aide des autres et a cessé de progresser dans l'étude de sa maladie qui a servi de frein dans son développement global.

Les Supérieurs préféraient qu'un humain soit traité avec des herbes, l'autohypnose et d'autres méthodes extrasensorielles et énergétiques. Par conséquent, la forme de la couche extérieure d'un humain était initialement formée de telle sorte qu'il apprenne à gérer les énergies dans son corps physique et subtil. Par exemple, l'acupuncture fait son effet par l'intermédiaire des aiguilles sur des points biologiquement actifs de la peau, ce qui contribue à purifier les canaux énergétiques qui conduisent à des organes concrets.

Les canaux énergétiques viennent de chaque organe à la surface externe du corps humain. En même temps, il y a des points par lesquels une énergie arrive dans corps, et il y en a aussi ceux, à travers lesquels sortent les énergies traitées. Le nettoyage rétablit un échange énergétique. Une fois l'approvisionnement en énergie rétabli, les fonctions de cet organe se normalisent. La technique de l'acupuncture a été apportée par les civilisations plus avancées (extraterrestres) qui étaient arrivées sur notre planète il y a 3-4 mille ans.

L'homme était énergétiquement formé pour travailler avec une certaine gamme des énergies, donc il dispose de tout, à commencer par des points biologiquement actifs sur son corps et à terminer par les exercices de Reiki, est conçu pour fonctionner avec certains types des énergies subtiles obtenues de la transformation du type d'énergie physique par le corps matériel.

- - -

Mais toutes les méthodes existantes sont conçues pour

fonctionner avec une gamme d'énergies de l'époque révolue, donc c'est une gamme obsolète ayant des fréquences plus basses que celles qui viennent sur la Terre avec l'ère du Verseau.

Le développement vient de basses fréquences vers les hautes, donc il ne faut pas s'accrocher aux anciennes méthodes. Elles sont prévues pour de certains moments, ensuite on s'en sert des nouvelles.

Maintenant, par exemple, les Supérieurs ne donnent pas aux gens de nouvelles façons de travailler avec l'énergie humaine en vue de leur assainissement, comme le yoga, le qi-gong, le reiki, le Feng shui. Tout le monde se sert des anciennes méthodes. Dans la plupart de ces méthodes chaque mouvement du corps, chaque geste posé, vise à mettre en oeuvre non seulement un certain groupe de muscles mais aussi le type physique des énergies nécessaire à la construction subtile du représentant de la cinquième race. Aussi, certaines méthodes (Feng shui) apprennent à organiser correctement l'environnement dans un sens énergétique pour interagir avec lui.

Il faut souligner que tous les exercices, y compris le reiki et la méditation, sont axés sur le travail de l'individu avec une gamme d'énergies de l'ère des Poissons. Nous avons encore beaucoup d'âmes qui ne se sont pas dûment formées. La cinquième race doit mettre au point des qualités nécessaires pour cette période et devenir un représentant appréciable de la cinquième race. Par conséquent, les vieilles méthodes fonctionnent toujours et sont utiles. On ne peut pas dire qu'elles ont perdu leur importance dans une période actuelle de transition.

Toutes les méthodes antérieures sont initialement prévues pour la structure d'un humain de la cinquième race et seront valables jusqu'à la fin de son existence parce qu'elles sont en train de former une race jusqu'à l'étape finale de son développement. Mais toute ancienne méthode existante est basée sur le travail avec une gamme des énergies de l'ère des Poissons.

De nouvelles méthodes seront déjà accordées à la sixième race quand elle commencera son existence réelle sans impuretés de la cinquième race, donc quand la sélection des personnes progressives sera terminée en faisant un tiers de la population actuelle. Les deux autres tiers des représentants de la cinquième race seront démantelés: les uns seront envoyés dans les mondes inférieurs, les autres, dans les mondes d'un développement similaire à poursuivre leur développement, il y aura également ceux qui seront décodés.

Tout cela témoigne de l'hétérogénéité du développement des âmes par niveaux dans une période actuelle. Maintenant, tout le monde modifie quelque chose, termine sa construction. Et c'est d'après les acquisitions actuelles que le Jugement va déterminer qui sera retiré de l'évolution, qui y restera pour des améliorations suivantes, et qui accédera à un niveau supérieur de développement. C'est pour cette raison que toutes les anciennes méthodes sont maintenant activées. Elles sont utiles et il faut s'en servir, car elles aident à un humain à recueillir les derniers points, exprimés en termes d'énergie, avant leur évaluation décisive par les Suprêmes.

Toutefois, il faut noter qu'il y a maintenant de nouvelles méthodes de traitement et de construction d'un humain. Elles sont utilisées par les médiums et guérisseurs, on applique aussi le traitement par des codes. Mais de nouvelles méthodes sont encore au stade de développement, en tant qu'expérimentales et pas définitives. Les Supérieurs travaillent sur l'élaboration de futures méthodes mais ils pourront les mettre au point dans trois cents ans à peu près. Elles seront soumises à un analyse, et résumées, après quoi on va les transférer à la sixième race.

En effet, le traitement par des codes représente une méthode de l'avenir.

Toutes les nouvelles méthodes seront accordées à la sixième race compte tenu de sa construction et de sa fréquence des énergies. Elles vont créer de nouvelles qualités et propriétés chez un humain. Mais tout cela, ce sont des projets de l'avenir.

L'astrologie et la santé humaine

Comme nous l'avons remarqué avant, un humain est lié avec les planètes du système Solaire par des processus énergétiques. Il travaille avec différents types d'une certaine gamme des énergies. Des personnes différentes selon leur niveau du développement travaillent avec des fréquences différentes de l'énergie: des jeunes âmes travaillent sur les fréquences basses, celles qui ont un niveau moyen du développement — sur les fréquences moyennes, et les âmes sublimes travaillent avec des fréquences élevées. En même temps, la nation fait aussi son effet sur les types des énergies auxquelles travaille l'individu. Chaque nation travaille sur sa gamme d'énergies qui est divisée en fréquences basses, moyennes et hautes. Donc, une personne est impliquée dans le processus complexe de la circulation des énergies et leurs transformations.

Un humain moderne qui connait bien l'astrologie en tant que méthode de prévisions des événements à venir, mais elle prédit aussi des maladies à venir.

Chaque signe du zodiaque a une maladie inhérente. Par conséquent, si un enfant est né sous le signe de la Balance, l'avenir lui promet certaines maladies, et s'il est né sous le signe du Scorpion — d'autres. Chaque signe a son propre ensemble de maladies. C'est lié aux types d'énergie qu'une personne doit traiter dans cette incarnation. Tout signe est associé à son organe, ses systèmes dans le corps humain parce que chaque corps travaille sur son type d'énergie. (Généralement, c'est une petite gamme mais pas strictement un seul type. Cependant, pour la meilleure compréhension, nous disons un type ou espèce d'énergie).

Un humain est impliqué dans un échange d'énergie complexe entre les planètes du système Solaire, la Terre et les Hauts Systèmes cosmiques. Nous parlons d'un fragment de ce processus: du lien d'un humain avec d'autres planètes.

À travers les planètes du système solaire, les organes sont alimentés par les types d'énergies correspondants. Plus précisément, le processus est réciproque, des échanges d'énergie s'effectuent entre l'homme et la planète. C'est le Maître Céleste qui gère tous les processus. Il lance le processus en envoyant à un humain pendant son sommeil, dans ses organes les types d'énergie dont ils ont besoin. Ce sont des énergies initiales qui lancent le processus: des mécanismes du traitement des énergies et des échanges d'énergie entre un humain et une planète se mettent en action.

Par exemple, pour qu'un presse-fruits électrique se mette à transformer le produit d'un état à un autre, il est nécessaire de la connecter à l'électricité qui servirait de l'énergie initiale et qui mettrait tout en action.

Un humain, en étudiant des processus cosmiques quelconques, choisit d'expliquer ses fragments, en rompant d'autres liens. Donc, ce processus s'avère défectueux. À cet égard, nous ne pouvons pas oublier d'autres liens d'un humain, et surtout, de son lien avec le Maître Céleste ou Déterminant. C'est Lui (le Maître) qui lance le processus en l'homme et le termine par couper le programme au moment de sa mort. En fait, après cela, les organes restent dans le corps mais ils ne peuvent plus interagir avec les planètes du système Solaire parce que tout est réglé par le Déterminant. Ils commencent à subir d'autres processus, ceux de la décomposition.

Il faut comprendre qu'à ce moment, tout est contrôlé par les Suprêmes. Tous les processus globaux non seulement du système Solaire mais aussi de tout l'univers sont contrôlés et gérés. Par conséquent, l'insertion des organes humains dans le travail avec les planètes du système Solaire et puis le débranchement de ce processus se fait sur la base de l'activité des Personnes Supérieures. Non seulement les Déterminants mais d'autres Êtres Supérieurs y participent aussi.

Ainsi, le fonctionnement des organes commence par leur réception de l'énergie primaire du Déterminant avec laquelle l'organe commence à travailler avec la nourriture matérielle qui lui est fournie par les systèmes de sang et d'autres systèmes de son corps sous forme de microéléments et liquides qu'il commence à convertir (dans les aliments pour les cellules et l'énergie du spectre physique rude). Ces énergies rudes arrivent d'abord dans la couche éthérée, ensuite dans la couche astrale, dans les domaines qui leur correspondent, et passent à travers les transformations ultérieures de ces couches, donc elles augmentent leur Niveau et leur fréquence. Et c'est seulement de la couche astrale que l'énergie de l'organe est envoyée à la planète qui lui correspond selon sa gamme d'énergies.

Ainsi, le processus d'échange réciproque des énergies entre le corps et le système Solaire consiste dans le suivant.

Suite à leur fonctionnement, les organes convertissent les nutriments et les énergies envoyés par le Déterminant à travers les processus biologiques et d'autres processus dans les formes subtiles des énergies qui sont envoyées à la planète appropriée dans le système Solaire. Là, les énergies sont toujours soumises à une transformation, et la planète envoie à un organe humain le type nécessaire dont il a besoin mais d'un ordre supérieur. Une partie de l'énergie revient toujours de l'homme à son Maître. Une certaine énergie est aussi rendue à la Terre.

C'est un processus énergétique complexe d'une transformation des énergies d'un spectre avec une augmentation des fréquences qui font sa partie. Mais chaque organe fonctionne avec son propre spectre des énergies. Ainsi, le foie fonctionne avec une gamme des énergies et avec sa planète, et les reins impliquent d'autres spectres des énergies et une autre planète.

Si un humain mène une vie correcte, alors toutes les énergies produites par ses organes sont d'une qualité requise (nécessaire aux Suprêmes). S'il mène une vie déréglée, mange n'importe quoi, boit trop, ne suit pas des diètes, mange trop, ses organes commencent à fonctionner irrégulièrement, ce qui entraîne sa production des mauvais types d'énergie que ceux dont le Cosmos a besoin, autrement dit défectueux. Au lieu d'un produit d'une bonne qualité on obtient un rebut. Et chacun doit rattraper ses rebuts: produire à la place d'un défaut ce qui est nécessaire, sinon il obtient des dettes énergétiques. L'individu rattrape ces dettes par toutes sortes de maladies. Donc, le signe du Zodiaque prévoit d'avance les maladies qui peuvent apparaître si un humain déroge à un mode de vie correcte. Et tout cela est lié aux types d'énergies avec lesquels travaille tel ou tel organe.

Donc, on peut dire que les maladies selon le signe du zodiaque sont prévues à l'avance. Mais elles atteignent un humain juste quand il mène une vie irrégulière. Plusieurs maladies sont spécialement prévues avant la naissance d'un humain pour qu'il rattrape les dettes de sa vie passée.

Quand un humain mène un mode de vie irrégulier, une maladie conforme est imposée sur chaque type de comportement qui ne correspond pas aux normes. Par exemple, quand il fait de la gloutonnerie, mange trop et mène une vie sédentaire, il est atteint d'une maladie des organes digestifs; lorsqu'il écoute de la musique forte, il devient sourd et affaiblit son système nerveux; s'il est constamment sous un stress physique et mental et ne peut pas se détendre, il gagne une maladie cardiaque, etc. Les troubles physiques dans le corps aboutissent à des violations de ses fonctions.

Mais si les organes ne fonctionnent pas correctement, par conséquent, sont violés tous les processus d'échange d'énergie d'un humain avec le monde extérieur. Le monde commence à recevoir moins de certains types des énergies, prévus d'en Haut, et la dérogation aux fonctions de l'échange d'énergie commence à se répandre plus loin de la personne. Par conséquent, on peut dire que **l'échange énergétique régulier n'est pas une affaire personnelle d'un humain mais le but principal de son maintien du monde et des processus macrocosmiques.**

L'influence du karma sur la santé

Le karma d'un humain est inscrit dans le programme de sa vie. Le programme prévoit des maladies que l'individu va subir pendant sa vie et les périodes où cette maladie va se manifester. Tout est réglé par le programme mais un humain peut choisir, ce qui peut affecter s'il tombe malade ou non. Si l'individu choisit un mode d'existence correcte, il peut éviter plusieurs maladies ou même ne pas les subir jusqu'à sa vieillesse.

Le comportement de l'homme dans ses incarnations passées influence aussi sur ses maladies à l'avenir. Le comportement correct ou incorrect de l'individu dans des situations enregistrées dans son programme est lié avec sa production des énergies dont les Supérieurs ont besoin. Et si un humain fait quelque chose de travers, il produit les énergies d'une mauvaise qualité dans une quantité insuffisante. C'est pour ces raisons, qu'il obtient des dettes devant les Supérieurs. Il les rattrape par la suite soit à travers des situations difficiles de sa vie, soit à travers les maladies et souffrances par la maladie et la souffrance, ou bien à travers le handicap, l'invalidité.

Les maladies karmiques ne peuvent pas être traitées. Généralement, tout médium ou sorcier, avant de se mettre au traitement, demande à son Maître Céleste s'il est possible de traiter ce patient. Par exemple, Vanga a refusé le traitement à certaines personnes. Elle ne pouvait pas expliquer pourquoi il lui était impossible de traiter telle ou telle personne mais elle savait au juste que c'était impossible. Elle obéissait strictement à la voix d'en Haut qui lui indiquait, qui pouvait être traité et qui non. L'interdiction portait toujours sur les âmes karmiques.

Mais on ne peut pas interpréter le fait que cet homme était méprisé et devait être considéré comme un réprouvé. Les maladies karmiques sont liées à la réalisation insuffisante du programme d'un humain ou le règlement incorrecte des situations personnelles, ce qui entraîne les dettes énergétiques.

Le mode de vie irrégulier: la gloutonnerie, l'existence sédentaire, donc, la paresse ou la poursuite aux plaisirs conduisent au fait que les énergies accordées par les Supérieurs pour la vie de l'homme afin de perfectionner son âme, sont utilisées à d'autres fins. Il devrait dépenser ces énergie au développement, donc, apprendre le plus possible mais il les dépense pour un passe-temps vide avec ses amis: à bouffer de la bière ou dans des discothèques, dans des bavardages ou en regardant des programmes de distraction inutiles à la télévision.

L'utilisation inappropriée des énergies des Supérieurs entraîne les dettes énergétiques, qui peuvent être rattrapées dans la vie prochaine à travers une maladie ou les handicaps du corps physique. Par exemple, toutes sortes de personnes handicapées de la naissance, les enfants atteints du syndrome de Down sont juste des âmes qui utilisaient les énergies des Supérieurs non pas pour leur développement mais pour les plaisirs et le passe-temps vide.

Mais vous pouvez poser une question: comment une âme peut rattraper sa dette si elle se trouve maintenant dans un corps défectueux et ne peut même pas jouir de sa vie?

Maintenant, l'âme rattrape ses dettes énergétiques par ses propres souffrances, elle se rend parfaitement compte dans quel corps elle est enfermée, comprend qu'elle est incapable de s'exprimer pleinement et donc elle en souffre, même si ses souffrances sont dissimulées et restent invisibles aux autres. En même temps, les processus dans le corps physique sont formés de telle manière qu'il y ait un rattrapage des énergies qui représentent des dettes de l'incarnation précédente de l'âme.

Pourquoi maintenant, par exemple, il y a tant d'enfants pareils? Leur nombre augmente. Mais regardons autour de nous et trouvons la réponse dans notre environnement le plus proche. Ils sont nombreux parce qu'il y a maintenant beaucoup de jeunes qui ne veulent rien faire: ils ne veulent ni étudier, ni travailler, ni remplir des devoirs quelconques devant leurs familles. Donc, ces individus acquièrent toujours des dettes énergétiques et vont les rattraper forcément dans leur vie actuelle ou suivante. Tous les handicaps de naissance sont donnés pour le mauvais comportement d'un humain. Des préjudices et des endommagements du corps représentent aussi le résultat des dettes quelconques d'un humain devant les Suprêmes.

Ainsi, nous voyons que **des actes et des actions incorrectes d'un humain entraînent des dettes énergétiques qui sont la cause de toutes les maladies possibles d'un humain.**

Maintenant, nous allons tirer une autre conséquence importante.

Les maladies karmiques ne peuvent pas être traitées parce que d'abord, à travers ces maladies, un humain doit rattraper les dettes énergétiques de son passé. **L'annulation de la dette, c'est un devoir sacré de chaque âme.**

Donc, plusieurs maladies chroniques sont conçues

spécifiquement pour rester incurables tout au long de la vie d'une personne, et aucun médecin, aucun médium ne peut les guérir.

Avant tout, cela est soumis à un châtiment. Si, par exemple, un fort médium vous dit qu'il peut guérir une maladie karmique d'un patient et l'éliminer par son énergie sublime, alors il peut le payer par sa vie ou en sera privé de son don du traitement. (A travers des actions pareilles on enlève l'énergie d'un médium, et on la transmet au Déterminant du patient qui aurait dû recevoir l'énergie d'une maladie karmique de son disciple). Le châtiment suivra inévitablement. Et les médiums le savent, donc leur première tâche est de savoir s'il est possible de traiter cette maladie ou non. Si ce patient va à la clinique, là aussi, il ne peut pas être guéri parce que cette personne est spécialement formée sur le plan subtil, ce qui permet à une maladie (sous forme d'une déformation subtile d'un organe ou d'un système quelconque) rester constante et inchangée pendant le temps requis.

Cependant, le fait que cette maladie est karmique, ne signifie pas qu'un humain ne doit pas recevoir une assistance médicale et l'autre aide. Les professionnels doivent forcement aider une personne à gérer la douleur, un malaise dans son corps, la dépression et ainsi l'aider à réaliser son véritable programme pour rattraper la dette.

L'homme acquiert des **maladies non-karmiques** dans sa vie actuelle en cas de ses détournements quelconques d'un mode de vie régulier ou à cause des violations de l'environnement écologique. Ses nombreuses maladies sont liées à la vie sociale. Ici, toute la société qui sous-estime l'impact de plusieurs facteurs, tels qu'industriels etc., sur sa vie peut affecter la santé d'un humain. Mais beaucoup de ces maladies sont soumises au traitement.

Cependant, la société doit se rendre compte qu'elle avait branché certains processus irrégulièrement, donc ils (les processus) engendrent des dérogations à l'activité vitale des certaines personnes. Il faut s'en rendre compte, et la société doit se battre contre cela pour normaliser sa structure sociale et industrielle.

Par exemple, souvent les chefs d'entreprises pour économiser de l'argent, n'installent pas l'équipement de purification là où il est nécessaire, n'installent pas les filtres, polluent l'environnement, les rivières et les réservoirs. Ils ne sont pas conscients des conséquences de leurs actes. Tels dirigeants doivent apprendre les connaissances ésotériques pour voir le lien entre la cause et l'effet.

La disposition des organes dans le corps

Les organes dans le corps humain sont disposés dans un ordre hiérarchique qui caractérise leur importance dans le corps selon les fonctions qu'ils exercent. Ci-dessous sont disposés ceux qui opèrent avec un spectre des énergies bas, au milieu — ceux du spectre moyen et en haut sont ceux qui travaillent avec un haut spectre. (Haut par rapport à la gamme avec laquelle l'individu travaille).

La position du cœur fait une exception, il se rapporte aux organes supérieurs mais se situe en dessous de sa vraie position selon les concepts spéciaux des Hauts Créateurs.

La disposition même témoigne du fait que chaque organe travaille avec son spectre des énergies, son Niveau, et donc est réglé pour leur traitement. Tout organe a non seulement une structure physique mais aussi subtile, ainsi que la couche subtile protectrice dispose de son propre aura et biochamp. La couche subtile forme l'aura, et la matière physique de l'organe crée le biochamp.

Mais en même temps, la matière d'un organe est différente de la matière de l'autre en raison de leur orientation fonctionnelle et l'appartenance à un certain Niveau du développement. La matière de chaque Niveau se diffère par la qualité, le potentiel énergétique et par la structure. Donc, les cellules du coeur seront complètement différentes par rapport aux cellules de la rate. Et les différences de leur matière sont établies non seulement sur le plan physique mais aussi sur le plan subtil.

Le diaphragme divise les organes en ceux qui travaillent pour un humain et ceux qui travaillent pour le Haut monde. Ces derniers comprennent le cœur, les poumons, le cerveau. En raison de cette séparation le sang se déplace à travers les grands et les petits cercles de la circulation sanguine, en portant les énergies des Niveaux différents. Sur un grand cercle se déplace le sang qui travaille aux énergies d'une gamme basse, des organes bas; sur un petit cercle se déplace le sang qui travaille avec une haute gamme des énergies des hauts organes. Les deux cercles sont reliés à travers le cœur, ce qui transforme les fréquences basses des énergies du sang en hautes fréquences. Le sang aussi dispose de sa propre structure énergétique et de son programme de mouvement.

Les organes transforment non seulement le matériel mais travaillent avec une énergie subtile ce qui reste invisible pour un humain. Chaque organe est un convertisseur de son type des énergies. Il absorbe une énergie plus brutale et la transforme en espèce subtile, ce qui augmente sa fréquence. Par conséquent, un organe peut être comparé à tout un complexe industriel.

Il a une structure très complexe, et un humain ne l'a pas encore étudié suffisamment. Il connaît seulement son activité fonctionnelle liée à la matière visible, aux processus biologiques et chimiques. Tout le travail d'un organe avec une énergie subtile lui reste inconnu, et la science doit bien travailler correctement afin de découvrir beaucoup de choses nouvelles et surprenantes dans l'ancien.

Alors l'homme doit toujours se souvenir que le corps a une structure non seulement matérielle mais aussi énergétique, ainsi qu'un programme particulier, qui le fait fonctionner autant qu'il est nécessaire pour le corps. Sans programme, déjà vers le milieu de la vie d'un humain, suite à l'adaptation à l'environnement tout organe fonctionnerait de façon qu'il serait devenu dangereux pour son maître. Seul le programme le fait toujours revenir à ses responsabilités fonctionnelles et redresser tous les détournements qui se produisent.

Chaque cellule du corps a son canal énergétique qui lui correspond, et à travers lequel l'énergie arrive dans la cellule et s'en va. Et ce n'est pas tout de suite que l'énergie est envoyée à la planète du système Solaire, mais d'abord elle passe à travers les couches éthérée et astrale et de là, après la conversion suivante, elle se dirige vers les planètes. Ainsi, un humain participe dans un échange d'énergie cosmique complexe ce qui suggère qu'il n'est pas une unité occasionnelle sur la Terre et dans l'univers.

Sur la base du travail commun des cellules de l'organe sont formés son aura et son biochamp par lesquels on peut juger sur l'état de l'organe. S'il est en bonne santé, le biochamp et l'aura ont des indicateurs qualitatifs; s'il tombe malade, son aura s'obscurcit et s'affaiblit. Mais il faut se rappeler que chaque corps a une aura d'une couleur différente qui correspond au spectre des énergies avec lequel il travaille.

Chaque organe d'un humain est lié à sa planète du système Solaire, en participant avec elle dans un échange énergétique général. Il convient de noter que tout organe fonctionne non seulement pour les besoins individuels d'un humain, mais aussi pour des tâches de tout un système planétaire, c'est aussi un échange intensif d'énergies. L'organe reçoit de sa planète un type d'énergie qui lui correspond, le traite et

24

l'envoie déjà transformé au Maître Céleste et inversement, à la même planète mais transformé en une fréquence plus élevée que celle qu'il avait obtenue.

Toute maladie d'un organe commence par l'endommagement de la couche subtile, donc, par la dérogation aux processus énergétiques là-dedans.

De nombreuses maladies des organes sont liées à un déséquilibre des énergies qui y arrivent et qui se sont rendues dehors. Si un canal énergétique d'un organe a un bouchon ou une rupture dans sa couche subtile, il y a son déséquilibre, l'activité fonctionnelle est compromise, et cela entraîne une maladie. Voilà pourquoi il est important de commencer le traitement d'un organe par ses couches subtiles, de restaurer le réseau de canaux énergétiques, leur nettoyage des bouchons, comme le font les gens avec les vaisseaux du système sanguin.

Des exercices respiratoires

Dans notre univers, le développement est soumis à un certain rythme. L'univers a son rythme, la planète a le sien. Un humain a aussi un rythme de vie et de la circulation de certains processus dans son corps. La présence du rythme chez un humain est présentée d'une manière évidente dans le processus de la respiration. Initialement il était prévu pour un humain qu'il respecte le rythme régulier de la respiration mais son mode de vie irrégulier l'a conduit au fait qu'il a oublié comment respirer correctement, donc, respirer en cadence avec le rythme corporel imposé d'en Haut.

L'inspiration –l'expiration se situent dans certains intervalles de temps. Même l'univers respire et il y existe des processus de prise et de retour, pas de l'air mais de l'énergie. L'univers respire par une énergie. Son expansion est une énorme inspiration, accompagnée d'une absorption d'énergie subtile, et la compression, c'est une expiration, donc, la libération d'une certaine quantité d'énergie.

Même les icônes respirent. D'après nos mesures, le champ de l'icône tantôt augmente, tantôt diminue. Le champ pulse dans certaines limites. Mais, bien sûr, les icônes ne respirent pas comme des êtres vivants mais participent aux processus énergétiques liés aux égrégores religieuses.

Pourquoi est-il important, le rythme dans la respiration

humaine? Le rythme spécifie le temps de la rentrée d'oxygène, d'azote et d'éjection de déchets. Le cerveau reçoit le signal de la réception d'oxygène, ensuite il envoie des impulsions dans les cellules différentes qui sont configurées pour accepter l'oxygène dont elles ont besoin, et d'autres éléments. Les cellules sont réglées pour le rythme de la respiration. Quand un humain change le rythme de sa respiration, commence à courir ou faire des exercices, les cellules reçoivent du cerveau un autre signal, et elles s'adaptent à un rythme différent pour recevoir les portions nécessaires du gaz.

Bien sûr, cette restructuration fréquente du corps entier d'un rythme à un autre rend le corps fatigué. Par conséquent, il est souhaitable qu'un humain respire régulièrement.

Lors de la respiration, dans le corps à intervalles réguliers vient l'air avec des éléments nécessaires: l'oxygène, l'azote, l'humidité. Mais aussi viennent des éléments nocifs de l'environnement: les gaz d'échappement des véhicules, de la production, de la poussière, etc. Par conséquent, l'environnement a une grande importance dans l'impact sur la santé humaine.

Si l'environnement est normal, moins les gens tombent malades, et s'il est pollué, il sert de source de nombreuses maladies, à commencer par les allergies et à terminer par le cancer et les troubles métaboliques. Il est donc important que l'industrie suive les émissions industrielles.

La pureté de notre environnement dépend en grande partie de l'éducation morale et éthique des chefs d'entreprise. S'ils estiment le profit de leur usine plus que les moyens qui peuvent nettoyer les émissions de leur usine, leur fabrique, alors il y a la pollution de l'environnement, et le genre humain est envahi par les maladies. Donc les dirigeants doivent forcément étudier et développer la culture de la production, pour apprendre à voir les conséquences de leurs actions irrégulières dans la vie.

Si le directeur de l'usine, pour lutter contre son hypodynamie, veut courir dans un parc où arrivent des substances nocives de son usine (et elles s'étendent sur plusieurs kilomètres), il va respirer lui-même les composants toxiques de l'environnement et finalement, cela peut provoquer son cancer. Voici un fonctionnement rapide d'un mécanisme de karma, la cause produite l'effet sous forme de sa maladie et de sa mort. S'il ne fonctionne pas dans cette vie, il le fera dans la suivante.

Les exercices respiratoires aident non seulement à l'existence de notre corps mais ils rendent plus solide la couche éthérée, améliorent le biochamp d'un humain et ses propriétés protectrices.

Par exemple, quand un humain après sa journée de travail rentre chez lui, sa couche protectrice semble souvent biaisée, elle contient des trous et des bosses. Parfois, un humain sur le plan subtil ressemble à un hérisson parce que l'environnement fait son effet agressif sur lui. Maintenant un humain voit partout une menace pour soi-même: quelqu'un ne respecte pas la queue dans le magasin; quelqu'un le bouscule, empressé de prendre une place dans le transport en commun, quelqu'un de son travail est mécontent de son activité ou tout simplement de son visage.

Tout cela représente une énergie de l'agression dirigée à un humain. Elle casse son aura, viole le champ de protection. Des chocs énergétiques importants entraînent une fuite d'énergie, ce qui provoque un malaise, une dépression et une léthargie. Par conséquent, il est important qu'un humain apprenne à se réparer après sa journée de travail à l'aide des exercices respiratoires.

Pratique

Chaque signe du zodiaque a son propre rythme de respiration. Les uns respirent mieux à 4, les autres — à 3, 8. Mais l'indice de la respiration moyen est à 6. Il restitue parfaitement la couche protectrice de l'homme, redresse son aura, l'apaise et rafraîchit.

L'exercice est suivant. L'homme s'installe dans un fauteuil ou un sofa, se détend autant que possible, ferme de son pouce droit sa narine gauche et respire par la narine droite lentement à 6. Ensuite il retient sa respiration à 6. Par la suite, à 6 il exhale doucement par la même narine et encore il retient son souffle à six. Ensuite, il répète tout cela avec la narine droite. L'exercice est répété 6 fois. L'état d'un humain se normalise, son aura se redresse.

Le traitement par les médiums

A la fin du 20e siècle était répandu le traitement à l'aide des médiums, les gens dotés de certains pouvoirs psychiques. Mais ils traitent les gens chacun à leur manière.

Examinons, par exemple, quels processus se produisent lorsqu'un guérisseur travaille sur sa propre énergie, et quand il s'adresse à Dieu ou aux saints pour une aide.

1. Dans le cas, où le médium travaille sur sa propre énergie, il y a un circuit des énergies entre le biochamp du guérisseur et du patient. Mais ce schéma est possible uniquement quand le potentiel énergétique du guérisseur dépasse de plusieurs fois le potentiel d'un malade. Le guérisseur rend à son patient son énergie saine avec un grand potentiel, et récupère chez un patient sa maladie. Donc, par son potentiel énergétique puissant il l'évince du corps du patient et la récupère pour soi-même. La maladie au potentiel inferieur, est soumise au guérisseur et passe dans son champ. Par la suite, le guérisseur par son potentiel puissant et par sa volonté l'expulse ou la transforme, en détruisant complètement.

2. Dans la deuxième variante, quand le guérisseur travaille sur sa propre énergie, il n'évince pas une maladie, mais il se sert d'un schéma différent. Il envoie son énergie, d'un potentiel supérieur à celui du patient, dans son organe malade. Son potentiel puissant crée un champ de protection autour d'un organe. Cela permet d'arrêter la fuite de l'énergie du patient, et l'énergie du médium sert pour lui d'un matériel supplémentaire qui restaure sa structure et ses fonctions. Ici aussi, le potentiel énergétique du médium doit dépasser d'une certaine valeur le potentiel énergétique du patient.

3. La troisième variante prévoit un travail du médium suivant un autre schéma - en commun avec les Forces Célestes. Le guérisseur utilise la référence au Dieu et les prières. Ce n'est plus un schéma autonome parce que ce sont les flux d'énergie entre la Terre et le monde subtil qui se mettent en marche, à savoir, entre le guérisseur et l'égrégore chrétienne. Les énergies de l'aide arrivent au patient de cette égrégore ou de l'égrégore personnelle du guérisseur qu'il accumule lui-même en cours de son activité.

Mais lors d'un schéma du travail avec l'égrégore chrétienne, le médium doit établir un contact avec elle à l'aide des prières. Son canal de communication avec l'égrégore chrétienne commence à fonctionner. Et **les réserves d'énergie qu'il contient sont faites par tous les chrétiens qui prient à travers leurs prières**. Un humain qui prie rend son énergie raffinée dans cette égrégore pour l'usage général. Tous les chrétiens peuvent se servir de cette énergie dans une période quand ils ont besoin d'aide.

On peut appeler une égrégore chrétienne de l'égrégore d'aide mutuelle. Les musulmans, les bouddhistes ont d'autres égrégores prévues pour leurs fréquences des énergies.

Dans ces cas, le médium qui se connecte par les prières à son égrégore, utilise pour le traitement du patient une énergie du réservoir général en combinaison avec ses propres méthodes du traitement.

4. La quatrième variante. Certains guérisseurs ont les âmes des Saints ou Anges qui les aident à traiter les malades. C'est individuel pour chaque guérisseur. Le guérisseur travaille avec le Saint qui aide le patient du plan subtil. Il guérit la couche subtile du patient, restaure le biochamp et envoie à un humain de l'énergie vitale. Le guérisseur doit apprendre au patient à vivre correctement, lutter contre les maladies et se rétablir.

Certains guérisseurs puissants peuvent aider en même temps plusieurs créatures du plan subtil travaillant dans le Système médical. Ce guérisseur doit gagner la confiance des Supérieurs pour qu'on lui attribue des assistants du plan subtil. Par toute son activité le guérisseur doit faire preuve de sa compétence professionnelle dans son désir d'aider les gens et se battre pour leur santé.

On peut transformer le traitement par des médiums en un miracle quand il suffit de toucher le médium pour obtenir la guérison. Ainsi traitait Christ. Cependant, les Suprêmes ont fait leurs conclusions de cette méthode de traitement qui se sont avérées négatives.

Les guérisons rapides et gratuites, comme des miracles, ont formé une idée fausse chez un humain que Dieu ne fait tout pour rien. L'homme lui-même ne pense pas qu'il est nécessaire de rembourser ces dépenses (il est paresseux et impuissant et pour ces raisons ne peut pas compenser l'énergie dépensée sur lui). Mais si Dieu dépense sans cesse, gratuitement, des stocks de son énergie seront épuisés rapidement. Tout nécessite une récompense. L'homme a déjà atteint un Niveau du développement suffisant pour comprendre que si l'on a une certaine somme d'argent dans son porte-monnaie, en distribuant cet argent aux pauvres, on va devenir l'un d'entre eux. Donc, toutes les dépenses doivent être remboursées.

Les Supérieurs ont dépensé beaucoup d'énergie aux guérisons instantanées (comme beaucoup d'essences subtiles y ont été impliquées, elles ont tous travaillé, elles ont tous dépensé l'énergie). Maintenant les Hauts Maîtres ont fini par conclure qu'aux fins de l'économie, en se servant de l'énergie pour le traitement des patients, il faut faire des dépenses minimales.

A cette fin, Ils ont décidé de partir pas d'une dépense d'énergie sur un malade, mais de la correction de ses structures subtiles et la normalisation des fonctions des cellules d'un organe malade ou d'un système du corps. **Le traitement repose sur le blocage des cellules malades, on ne la laisse pas se développer. Il y a comme si une conservation de l'organe malade pour un certain nombre d'années.**

Pendant que la maladie est bloquée, elle ne prend pas l'énergie vitale d'un humain, ce qui permet à son organisme de mobiliser ses réserves internes de sécurité pour restituer tous les ravages causés par la maladie. Il y a la récupération du corps. Grâce à cette méthode un humain réussit à tenir encore 10-20 ans.

Ainsi, le traitement est basé sur les dépenses minimales de l'énergie par les Supérieurs, l'énergie est dépensée uniquement pour bloquer certaines structures subtiles de l'homme qui ne permettent pas à une maladie de se propager à d'autres zones. Ensuite on fait recours à l'énergie personnelle d'un humain pour son rétablissement. Ainsi, les Supérieurs arrivent à bloquer même le cancer.

Pourquoi on a besoin des microbes

Sur la Terre, on trouve de nombreuses espèces de micro-organismes: des microbes, des bacilles, des virus — ils prennent tous une part active à la vie de notre planète et du genre humain. Mais nous allons nous concentrer sur ceux qui affectent la santé humaine.

Nous savons qu'il y a beaucoup de microbes qui càusent le rhume, et certains influencent l'environnement interne du corps. Certains microbes aident un humain en décomposant la nourriture en éléments pour les absorber, tandis que d'autres provoquent des maladies.

Encore une fois, juste un mode de vie irrégulier affecte leur croissance quantitative. Quand une personne ne maintient pas la propreté et l'ordre dans les rues, dans la ville, dans les maisons, c'est accompagné toujours de l'augmentation du nombre de microbes ce qui se termine par la suite par des maladies, des épidémies. Donc, afin de ne pas mettre en danger notre santé, non seulement une personne doit mener un mode de vie sain mais toute la ville. Et pour cela, il faut faire fonctionner certains services de sécurité sanitaire et environnementale publiques.

Les micro-organismes sont créés par un département spécial du Système Médical du Cosmos. Ils sont appelés à régler les processus énergétiques dans les mondes matériels. Les microbes, les bactéries apparaissent dans des zones polluées (ou plutôt, ils sont y envoyés d'en Haut, par le Système Médical) pour produire un équilibre des énergies de cette région de la planète et du cosmos.

Toutes pollutions sont liées à une diminution de la fréquence de l'énergie produite dans cet endroit par des êtres humains.

Quand un humain commence à violer les lois de la société, la morale, il abaisse le spectre des énergies qu'il produit. Les normes morales du comportement régissent l'émergence dans la société des énergies hautes ou basses. Si un humain respecte les lois de la morale et de la moralité, la société produit dans cet endroit un spectre d'énergie élevé qui repousse les microbes et les bactéries par son plus haut potentiel. Mais si les gens violent la morale et toutes les lois de développement, la société commence à produire dans cet endroit des énergies sales qui commencent à attirer des agents pathogènes. Autrement dit, le haut potentiel énergétique de la société crée lui-même la protection énergétique contre plusieurs maladies et épidémies.

La morale et l'éthique ne sont pas inventées par hasard. Ils **représentent des régulateurs des énergies hautes et basses, produites par la société.**

L'homme doit vivre conformément aux lois du Cosmos mais il ne les respecte pas. Mais l'essence de son obéissance à la loi consiste dans le fait que, quand il fait tout sur la base des lois en conformité avec les exigences morales et éthiques des Supérieurs, il produit un spectre des énergies sublimes. Lorsqu'il ne les respecte pas, il produit un spectre des fréquences basses. **Un tel mécanisme de séparation des énergies en hautes et basses, en fonction du respect des lois et normes morales est établi dans la structure subtile de l'homme.** Et nous pouvons voir nous-mêmes comment cela fonctionne.

Par exemple, des jeunes gens qui ne veulent pas vivre vertueusement, à la poursuite des plaisirs font l'amour, boivent de la vodka, se droguent. Partout on voit généralement les mariages civils sans droits et devoirs, accompagnés de changements des partenaires. Finalement, on a une forte baisse des fréquences d'énergie produites par ces personnes. Par conséquent, le SIDA, l'hépatite, la tuberculose, la grippe porcine et aviaire et de nombreuses nouvelles maladies commencent à se développer. L'homme commence à produire une énergie sale qui attire les microbes pathogènes en tant que nourriture, car ils sont initialement réglés aux processus similaires de la transformation du sale en pure.

Il y a plusieurs espèces de microbes mais chacune est conçue pour fonctionner avec son type des énergies basses, donc dans certains endroits commence à s'épanouir la diphtérie et la variole, et dans d'autres-la maladie du charbon et la dysenterie.

Au début du dernier siècle, quand il y avait des pollutions similaires de l'environnement à cause de la violation de la morale et des règles normales du comportement dans la société, fleurissaient la peste, le choléra, la variole, le typhus, la diphtérie et d'autres maladies qui ont emporté des milliers de vies.

Les épidémies se produisaient dans les zones où l'on dérogeait aux processus énergétiques établis entre les gens et la Terre. Par les maladies, par les micro-organismes les Pouvoirs Cosmiques effectuaient leur correction.

Les micro-organismes, comme c'était mentionné ci-dessus, sont conçus exprès par le Système médical pour fonctionner avec un type d'énergie produit par un humain en tant que rebut, donc chaque type de microbes, de bactéries, de virus est destiné à traiter un type d'énergie particulier. Les microbes qui causent la dysenterie, travaillent avec un type d'énergie, ceux qui causent le sida - avec un type différent. **De plus, dans les deux cas, les microorganismes, en traitant des fréquences de basse énergie, les transforment en un gamme plus élevé.** Ainsi travaillent tous les micro-organismes. Ils augmentent la fréquence de l'énergie des basses jusqu'aux requises. Alors, qu'est-ce qui se passe?

Par son comportement irrégulier un humain abaisse les énergies qu'il produit, et les microbes par sa maladie font fonctionner son organisme dans un tel régime qu'il augmente le spectre de ses énergies produites jusqu'à la norme. Autrement dit, en pénétrant à l'intérieur de l'homme, à travers sa maladie (la fièvre et d'autres réactions) les microbes le font fonctionner dans un autre régime, et cela contribue au fait que le corps humain commence à produire des énergies nécessaires prévues par son programme.

Les microbes eux-mêmes en absorbant de basses fréquences, c'est-à-dire, la saleté produite par un humain comme un aliment, les recyclent dans l'énergie des fréquences plus élevées. Ainsi, il y a le redressement de la qualité des produits fabriqués pour l'espace par l'homme, et la zone se nettoie des pollutions.

Si les individus ont une énergie de la matière trop basse, on les retire complètement de la Terre par la peste, le choléra et d'autres maladies mortelles.

Le rôle des agents pathogènes est de convertir les énergies basses en hautes. En pénétrant dans le corps humain et provoquant sa maladie, les microbes absorbent l'énergie sale de l'homme et contribuent à l'augmentation de la fréquence de sa propre énergie.

Ils traitent la matière basse d'une manière particulière dans les domaines de la pollution, il y a le nettoyage du territoire de la saleté et des personnes dégradantes.

Cela favorise la clarification des habitats humains. Par conséquent, toute épidémie, reçue comme une punition, purifie la Terre de l'énergie sale, des gens immoraux qui rendent sales l'environnement et les relations humaines, et augmente la performance énergétique des zones territoriales de la planète, contribuant ainsi à approvisionner la Terre en espèces d'énergie de hautes fréquences.

Ainsi, tout au long de l'histoire de l'humanité se faisait le nettoyage des zones de ceux qui violaient les lois du Haut développement. Toutefois, il convient de noter que les bonnes gens ont subi aussi des épidémies en masse. Ils s'y trouvaient déjà en tant que victimes, et ils ont été toujours remboursés par les Supérieurs de bonnes choses dans leur incarnation suivante.

Toutes les réactions sur la Terre sont accompagnées de l'absorption d'énergie ou de sa libération. C'est le principe essentiel du développement.

- - -

Examinons la variante la plus loyale du comportement d'un humain qui respecte les lois fondamentales de l'existence, mais quelque chose quelque part ne marche pas suffisamment.

Prenons, par exemple, le **rhume**. Il est associé à des virus qui sont présents dans le corps humain depuis toujours mais commencent à proliférer à cause de la violation de l'équilibre entre les forces protectrices humaines et l'influence extérieure de l'environnement. Donc, son potentiel énergétique sécuritaire diminue, qui doit se trouver soit un équilibre avec le potentiel de l'environnement, soit le dépasser. Lorsque le potentiel d'un humain devient inférieur par rapport au potentiel de l'environnement en raison de son mode de vie irrégulier au sein de son organisme, la revitalisation du virus, s'active dans des conditions favorables.

1. Il y a toujours un équilibrage des potentiels: des virus, des pouvoirs de protection de l'homme et de l'environnement. On constate

que l'individu par son mode de vie irrégulier endommage ses forces protectrices, ce qui se manifeste dans la réduction de leur potentiel énergétique. Une fois réduit par rapport au potentiel des virus, il leur crée des conditions d'existence favorables, et ils commencent à se multiplier.

Ici, **le potentiel énergétique est régulateur. Quand il est équivalent aux forces sécuritaires de l'homme, de l'environnement et des virus, l'homme ne souffre pas de rhume;** et lorsque l'un de ces indicateurs commence à violer les exigences réglementaires de l'existence, la maladie commence à attaquer. **C'est le mécanisme interne qui est caché à l'intelligence d'un humain mais qui dépend de son mode de vie régulier.**

Si l'énergétique des corps subtils de l'homme est élevée, tout virus en sera supprimé.

Si la cause du déséquilibre des potentiels mentionnés ci-dessus est l'environnement (le changement climatique, la composition atmosphérique, etc.), dans un cas, il peut être rompu à nouveau par la mauvaise activité productive (pollution et déchets des usines), dans un autre cas, l'environnement est rompu à cause de la restructuration de la Terre par les Supérieurs. Mais dans le dernier cas cela signifie la fin de la phase du développement de tout un genre humain, et sa santé ne présentera pas beaucoup de valeur pour les Suprêmes.

L'apparition du **rhume** indique que ses liens normaux avec l'environnement sont rompus, et il lui faut y corriger quelque chose: passer plus de temps dehors, faire du sport, changer quelque chose dans son vêtement. (S'il est froid, le rendre plus chaud ou au contraire, s'il est gros, et l'homme est constamment en sueur, le rendre plus léger).

2. Mais posons-nous une autre question intéressante. Pourquoi certaines maladies évoluent au fil du temps?

Par exemple, auparavant c'était juste la grippe, la maladie respiratoire aiguë, maintenant il y a des variétés: grippe aviaire, grippe porcine. Le SIDA est apparu, les variétés de l'hépatite «A, B, C» les nouvelles maladies, inconnues à la médecine.

En raison du fait que l'homme se développe, passe d'un Niveau à l'autre, et tout cela, ce sont de différentes gammes d'énergies, son corps au moment de la transition commence à travailler avec les nouvelles fréquences d'énergie. Donc, il peut donner insuffisamment au Cosmos d'autres types d'énergies. Par conséquent, le Système médical doit apporter des corrections dans le travail des micro-organismes. Ils reconstruisent les fonctions des micro-organismes, les orientent vers d'autres types d'énergies. Par conséquent, il y a toutes sortes de variétés de l'hépatite et de la grippe. En même temps, l'émergence de nouvelles maladies fait que la médecine terrestre cherche de nouvelles méthodes pour les traiter, de nouveaux médicaments, ce qui contribue au développement global de l'humanité. Donc, tout négatif est converti en positif.

3. Examinons un autre problème lié aux micro-organismes, c'est le problème du cancer.

Le **cancer** se rapporte aux maladies virales. Pourquoi tant de gens en sont atteints maintenant?

Le fait est que le Système médical tente de créer une nouvelle biomatière capable d'exister normalement dans des conditions d'une haute énergie de l'ère du Verseau, d'un rayonnement augmenté. La biomatière du représentant de la sixième race doit résister à l'énergie puissante, la concentrer en elle-même et travailler avec elle. Une vieille cellule de la biomatière de l'individu de la cinquième race n'est pas capable de le faire. Ses fonctions vitales seront supprimées par le potentiel énergétique puissant de l'environnement, par conséquent, donc une telle cellule ne sera pas viable dans les nouvelles conditions. Ainsi, il faut créer une nouvelle cellule, donc une biomatière à nouvelles propriétés.

Les observations des cellules cancéreuses dans le corps d'un humain de la cinquième race ont révélé que les cellules cancéreuses ont commencé à progresser par rapport à d'autres cellules. Le plus important est que les cellules cancéreuses se sont montrées résistantes au rayonnement élevé et à la haute énergétique de l'environnement.

Et les conditions de l'environnement de la future race auront des taux plus élevés: sur la Terre l'intensité de rayonnement et le potentiel de l'énergétique de l'environnement vont augmenter. Après tout, la Terre commencera à travailler avec une gamme des énergies plus élevée au Niveau suivant de l'existence.

Donc, les Supérieurs ont décidé de créer une biomatière de la sixième race sur la base des cellules cancéreuses dans les tumeurs en développement. Pour cette raison le Système médical a commencé à mettre en œuvre intensément des virus du cancer dans les cellules des organes différents de l'homme. Chaque organe donne ses cellules, sa biomatière avec les fonctions requises. De plus, il ne faut pas oublier que sur la Terre, il y a des gens avec différents Niveaux du développement et, par conséquent, des potentiels énergétiques différents. Donc, les Supérieurs, en plantant les cellules cancéreuses chez des personnes de différents niveaux de développement, obtiennent la matière de différents Niveaux (bien sûr, dans certaines limites). Et parmi ces gens les Supérieurs vont choisir la biomatière qui présente les meilleurs coefficients de la résistance au rayonnement et au nouvel environnement.

Plus haut est le potentiel de l'homme, plus résistantes sont les cellules qui se forment dans son corps avec la maladie du cancer. Donc maintenant, beaucoup de hautes personnes sont atteintes de cette maladie sans savoir qu'ils participent à des expériences pour créer une nouvelle biomatière pour la sixième race. Ainsi ils sont utiles pour tout le genre humain, en favorisant le progrès de la matière physique dans des coefficients nécessaires aux Suprêmes.

Il convient de noter que certains virus causent non seulement les maladies mais d'autres dispositifs leurs sont attribués. Les virus effacent sur le plan humain les programmes qui conduisent un humain à la dégradation.

La pratique :

Mais quelles sont les méthodes pour lutter contre les microbes nuisibles?

Avant tout, ce sont des mesures de prévention, la lutte pour l'environnement propre, le respect des normes morales et éthiques de conduite qui favorisent la production nécessaire des espèces, des énergies par un humain pour le Cosmos. Et un haut potentiel des énergies dans la société sert de protection contre l'apparition des bacilles dans l'environnement humain. Il est également nécessaire pour chaque membre de la société d'adhérer à la manière correcte de la vie et de maintenir des relations harmonieuses avec la nature. Un rôle important à cet égard joue l'activité de tous services d'état possibles (service sanitaire et épidémiologique, protection de l'environnement, etc.) appelés à maintenir l'hygiène et l'assainissement dans les zones résidentielles.

Sur la fatigue

D'où vient la fatigue?

Tout dans le corps d'un humain est associé à l'énergie, et donc les dérogations à son activité normale sont aussi liées avec elle.

Les causes de l'apparition de la fatigue peuvent être:

1. Des ruptures dans les couches subtiles. Cela favorise la fuite de l'énergie vitale de l'homme, ce qui nuit à sa santé. Elles peuvent se produire à cause d'un stress après le scandale, quand un humain qui a un potentiel plus grand de son âme, commence à réprimander un subordonné possédant un potentiel plus faible de l'âme. Cependant, il peut perforer sa couche de protection, et l'énergie va s'écouler de cette rupture, et à cause de ça un humain va se sentir déprimé, frustré.

La pratique :

Un humain peut lui-même réparer les ruptures (si elles sont déjà reçues) avec sa pensée et la méditation ou avec un médium qui soit capable de corriger la structure subtile. En prenant une position détendue, il se détend et fait une prière pour que sa couche de protection devienne intégrale et forte.

S'il maîtrise bien la pensée figurative, aux fins de prévention, avant d'aller au bureau du chef ou dans une société agressive, il peut s'enfermer dans sa tête dans une boule ou un cylindre, avec une surface extérieure lisse et imaginer que les murs de ces formes sont très forts et impénétrables. Cette protection supplémentaire l'aidera à éviter les endommagements de sa propre couche subtile.

2. **Le pompage de l'énergie d'un humain par les êtres humains du monde subtil :**

Parallèlement à un humain, dans notre monde, il y a beaucoup d'êtres astraux qui mènent une façon parasitaire de l'existence et se nourrissent de l'énergie de l'autre. Les parasites peuvent être non seulement matériaux, mais aussi subtilement énergétiques. Ils pompent l'énergie d'un humain le plus souvent pendant son sommeil, donc le matin la personne se réveille atone, écrasée, elle a du mal à s'impliquer dans une vie active. La productivité de cette personne est considérablement réduite.

La protection : pour se débarrasser de ces parasites on peut installer une protection énergétique, comme indiqué plus haut, sous forme d'une sphère avec une surface extérieure lisse. On peut prier. Le potentiel énergétique d'une prière décourage les entités faibles parasites et favorise le nettoyage des couches subtiles d'un humain. La prière la plus énergétique est « Notre Père », ainsi que des prières similaires des autres peuples.

On peut également utiliser d'autres méthodes bien connues de l'homme moderne pour nettoyer les locaux de toutes substances (herbes spéciales, des odeurs, des sons à haute fréquence, la puissance de purification de la pensée à travers les représentations figuratives du nettoyage des locaux).

3. **Les dépenses excessives** de l'énergie par le corps physique: quand un humain dépense plus d'énergie à ses actions, que son corps soit en mesure de compenser, cela provoque l'apparition de la fatigue.

La lutte: Afin de sauvegarder les forces il doit respecter l'horaire individuel de la journée et alterner le travail et le repos.

Le jour de travail bien organisé aide à éviter la fatigue excessive et garder l'efficacité pour toute la journée.

Mais si une personne est au travail, elle est obligée de se soumettre au régime général de l'entreprise. Donc là, tout dépend de la direction.

Lorsque le chef d'entreprise, par exemple, fait le projet de la journée de travail de ses employés de façon à ce qu'ils ne se reposent pas dans 2 heures après le début du travail et dans 2 heures après le déjeuner (au moins pour 15-20 minutes), l'employé ne récupère pas ses forces, et sa productivité diminue rapidement.

Le temps passé en vacances, pour se détendre d'un travail monotone, est forcément rattrapé par l'augmentation suivante de la productivité. Pendant le repos un humain est chargé par son Maître Céleste, si c'est nécessaire, et en même temps il y a une répartition de l'énergie obtenue dans son corps.

Le sommeil normal, la nutrition, les loisirs et la journée de travail bien organisée permettent à un humain de maintenir la capacité de travail pendant une longue période. L'utilisation rationnelle de l'énergie interne est liée non seulement avec les dépenses proportionnées mais aussi avec sa récompense efficace. Ainsi, le mode de vie régulier est nécessaire non seulement dans la vie privée d'un humain mais aussi dans sa vie sociale. Dans l'entreprise, l'hygiène du travail du travail est indispensable, dont l'objectif est de lutter pour la dépense de l'énergie d'un humain sur une base légitime, lui permettant de vivre et ne pas réduire ses années d'existence.

Les particularités alimentaires de nos jours

Pendant chaque période historique la nourriture du genre humain était différente par rapport à une autre période. Au fil du temps, un humain change, et son régime alimentaire change aussi. Au 19ème siècle, il mangeait une chose et maintenant - une autre. Les produits alimentaires sont devenus plus diversifiés mais la santé ne s'en est pas améliorée. Une multitude de maladies est apparue, qui sont liées à des troubles métaboliques, par conséquent, la malnutrition. L'homme essaie d'inventer des plats de plus en plus délicieux et y a atteint une certaine hauteur de l'art culinaire. Mais Plus les organes digestifs fonctionnent mal, plus l'organisme s'engorge.

La cause des maladies apparaît dans les champs agricoles dont les récoltes sont généreusement arrosées avec des engrais chimiques. L'élevage a subi des changements aussi, c'est ce qui fournit à un humain de la viande, du lait, du beurre. Les animaux et la volaille sont souvent nourris avec des bio-additifs et vitamines chimiques au gain de poids, mais quand ils tombent malades, on introduit dans leurs corps de fortes doses des médicaments. Finalement, tout cela revient à un humain, ce qui provoque ses allergies des espèces différentes, ses troubles métaboliques et l'empoisonnement du corps entier.

On s'est mis à utiliser dans l'industrie alimentaire beaucoup d'additifs différents, d'épices d'origine chimique. (On peut les trouver dans les jus, les boissons gazeuses, les aliments en conserve et même dans les produits laitiers en vue de leur stockage à long terme). Dans la cuisine, on utilise souvent des colorants et d'autres composants tels que rippers, toujours d'origine chimique. Les autorités de réglementation ne peuvent pas contrôler tout cela parce que la nourriture est produite par des entrepreneurs privés lesquels ne sont plus soumis au contrôle des pouvoirs gouvernementaux. Ils sont devenus très nombreux, donc il est impossible de vérifier tous et chacun. Les entrepreneurs peu scrupuleux à la recherche du profit négligent les normes de la morale qui exige d'être responsable pour leurs produits.

La morale et l'éthique pénètrent dans tous les domaines des activités d'un humain, et là où ils sont violés, commence non seulement la dégradation mais aussi les processus qui détruisent la vie humaine.

Dans ce contexte, chaque entrepreneur progressif dans le plan spirituel dans son activité doit être guidé par les normes les plus élevées de la morale. Mais si ce n'est pas le cas, il y a une détérioration progressive de la santé des membres de la société dans laquelle il vit; des maladies chroniques surgissent, il y a la réduction de la durée de vie. Finalement, cet entrepreneur devient un meurtrier déguisé mais sa faible conscience ne lui permet pas de s'y rendre compte complètement.

Mais alors comment faut-il se nourrir afin d'éviter au moins la moitié des maladies?

Cela aussi est connu depuis longtemps, nous ne dirons rien de nouveau à ce sujet, mais nous allons seulement confirmer qu'il est **nécessaire de manger** la nourriture bouillie, cuite à la vapeur, éviter les aliments avec des charges chimiques, colorants alimentaires. Tout cela est bien présenté par la **médecine pratique**.

Nous parlerons de ce qui est mal connu d'un humain dans cette question.

L'alimentation, c'est aussi un processus énergétique, non seulement physique et chimique. Finalement, tout aliment lors de la décomposition donne de l'énergie (bien qu'il existe de tels produits chimiques, par exemple, des médicaments chimiques qui brûlent l'énergie vitale d'un humain).

Les Hauts Créateurs, en créant le corps matériel d'un humain, ont calculé ses processus physiques et énergétiques. Chaque nation a été créée pour travailler avec une certaine gamme des énergies. Les corps matériaux et subtils d'un humain d'une nation étaient construits pour traiter une certaine gamme des énergies, et les corps d'une autre nation étaient destinés à une autre gamme.

Chaque nation devait fournir à une zone spécifique de la planète sur laquelle elle est placée par les Supérieurs, un certain type des énergies. Habituellement, elles représentent un spectre réduit. Pour cette raison, chaque nation a été liée à une localité concrète de sa résidence et était censée à se nourrir des produits alimentaires strictement définis, destinés à produire le spectre des énergies qui était prévu à produire par une nation pour ce secteur de la Terre. Toute la vie sur ce territoire était ajustée à la gamme des énergies avec laquelle la nation devait travailler: le sol, les plantes, les animaux, les oiseaux.

L'homme en faisant passer la nourriture matérielle à travers une série de processus dans son corps, non seulement la transforme en éléments nutritifs mais aussi en divers types d'énergie dont une partie est rendue à travers ses jambes à la planète. Le moldave fournissait à la Terre un type des énergies, le Chinois — un autre, l'Américain — le troisième type.

Les nations changent au fil du temps pour telle raison que la planète au cours de sa progression nécessite de nouveaux types d'énergies d'un ordre plus haut qu'elle utilisait auparavant. Le fournisseur de plusieurs énergies, c'est un humain (sauf dans le processus de toutes les plantes et des représentants du règne animal). Mais comme sa couche extérieure appelée le corps matériel est conçue pour fonctionner avec un certain type des énergies, de nouveaux besoins de la planète sont apparus nécessitent son réaménagement. Donc, les Hauts Créateurs ont à reconstruire le corps subtil et physique d'un humain pour l'ajuster aux nouveaux types d'énergie dont la Terre a besoin.

Pour qu'une nation produise de l'énergie sans impureté, d'une qualité requise, à savoir, sans fréquences inutiles, certains produits étaient principaux pour elle, comme le riz pour les Chinois, la graisse pour les Ukrainiens, le poisson pour les peuples du Nord; tandis que d'autres ont été interdits de manger.

La raison de ces restrictions consistait dans le fait que les produits mentionnés lors de leur utilisation modifiaient la qualité de l'énergie produite par l'homme. Comme cette énergie était transmise à la planète, il se trouvait qu'une section particulière de la partie continentale ne recevait pas le type d'énergie dont il avait besoin, et il y avait une dérogation à sa construction.

Toutes les restrictions alimentaires et l'imposition de certains goûts dans les aliments avaient pour objectif de forcer cette nation à recycler les produits, qui contribuaient à sa production de certains types d'énergie prévus pour elle.

Mais **dans toutes les nations les jeûnes servaient de méthode de nettoyage.** S'ils n'étaient pas efficaces, on faisait recours aux maladies. Dans des périodes des maladies les organes et les vaisseaux se nettoyaient des toxines et des éléments indésirables, et les canaux énergétiques subtils se nettoyaient de l'énergie sale, l'énergétique générale était redressée jusqu'à une qualité requise.

Un humain a plusieurs maladies liées à sa mauvaise nutrition. Cependant, il y a d'autres raisons qui les causent. Parfois, ce n'est pas la nutrition qui affecte l'apparence des maladies mais des processus cosmiques.

Par exemple, pouvons-nous savoir pourquoi il y a tant de gens gros aux États-Unis dont le poids est plus de cent kilogrammes. Tant de gens gros, il n'y avait jamais dans aucune race. Il y avait des gens gros mais pas obèses. En effet, certains personnes atteignent le poids sans précédent de quatre cents kilos et même plus.

L'homme est le guide des flux d'énergie cosmique puissants qui sont transmis maintenant pour faire passer notre planète à un nouveau

Niveau du développement. Mais la conception de la forme d'un humain de la cinquième race est démodée, elle ne peut pas faire face à ce volume et puissance de l'énergie, donc il y a des déviations différentes dans ses fonctions.

La couche éthérée veille la taille de l'homme. Elle est comme un corset et communique au corps humain une certaine forme. Si la couche est faible, elle ne peut pas maintenir une taille corporelle constante et le corps commence à perdre sa configuration gracieuse et se brise en une masse difforme, en essayant de prendre la position de la couche éthérée.

Mais en même temps, cette couche commence à remplir des fonctions de la batterie. La couche matérielle commence à construire des cellules supplémentaires de graisse pour se défendre contre le surplus d'énergie, ces cellules absorbent tout l'excès d'énergie. L'homme commence à accumuler dans son corps beaucoup d'énergie. Donc, les gens gros deviennent des guides d'une grande quantité d'énergie cosmique à la Terre dans certaines régions et ainsi ils ont utiles pour la planète.

Une personne maigre dispose d'un fort corps éthéré qui est en mesure de sauvegarder la forme constante de la personne. Cet individu transmet moins d'énergie à la Terre mais il participe de manière plus intense dans d'autres processus du Cosmos.

L'impact de l'alcool et des drogues sur un humain

Les Systèmes Hiérarchiques qui dirigent le genre humain et la Terre, ont besoin des âmes de haute qualité. Mais pour éviter de recevoir un défaut et y découvrir des handicaps quelconques, les Supérieurs organisent aux gens toutes sortes de tests. Ils conçoivent toutes les méthodes de contrôle différent. Parfois, ils se servent des produits chimiques et des substances tels que l'alcool et la drogue. Ils identifient les défauts de développement d'un humain dans les premiers stades du développement de l'âme. D'habitude, ces tests sont destinés aux jeunes âmes des Niveaux inférieurs.

Les âmes qui abusent d'alcool ou de drogues, ne sont pas en mesure de s'y renoncer, sont défectueuses. Elles sont retirées de l'évolution. Les jeunes âmes qui essaient de combattre leurs vices, restent dans le tourbillon de vie pendant une certaine période mais sont testées dans chaque nouvelle vie. L'individu doit apprendre à apprivoiser ses désirs négatifs.

Mais une fois les défauts d'un humain détectés, on ne le retire pas d'une vie immédiatement. On lui fait des signes d'avertissement. Sur le Niveau bas, ce sont un malaise de l'individu, après la prise de fortes doses d'alcool ou de drogues, les maladies du foie, des vomissements, des maux de tête. Tout cela, ce sont les signaux d'avertissement sous forme de la douleur du corps physique.

Ces mêmes mesures de lutte pour l'âme comprennent des activités éducatives: si un jeune homme vient soûl chez lui, il est grondé par ses parents, si c'est un humain d'âge mûr, c'est sa femme qui le gronde. Ici nous avons l'impact sur la conscience humaine à travers les émotions négatives. On lui dit ouvertement par la bouche de ses parents ou de sa femme qu'il se fait du mal et doit changer son comportement. S'il décide d'aborder le bon chemin, il peut sauver son âme. Mais s'il laisse faire ses bas instincts, il dégrade rapidement.

L'alcool brûle l'énergie subtile de la personne, il détruit toutes les qualités instables acquises par un humain dans des bons moments de sa vie. Par conséquent, le caractère d'une personne change radicalement. Si l'on compare comment il était, avant de commencer à boire, c'était une autre personne, et après des années d'ivrognerie, c'est quelqu'un d'autre, complètement différent, avec plein de traits faibles. Cela a pour raison la destruction des qualités positives de la matrice par les énergies de l'alcool.

Par ailleurs, l'énergie vitale d'un humain est brûlée partiellement, donc tout alcoolique raccourcit sa vie à chaque gorgée de vin ou de vodka.

Normalement, on cherche à retirer les **toxicomanes** de la vie à 36 ans, les alcooliques à 50. Les drogues sont des produits chimiques plus destructifs, dirigés exprès par le Système négative à la destruction des énergies subtiles de la personne. Les drogues ont un potentiel de destruction plus puissant, donc la personne dégrade très rapidement. Les réactions de destruction de l'alcool sont d'une vitesse plus lente, donc les processus de dégradation sont étendus sur une période plus longue.

L'alcool et les drogues révèlent les faibles côtés de la personne, sa volonté faible, son incapacité de maîtriser ses désirs et s'occuper de quelque chose d'utile. Ces substances sont des indicateurs de son penchant au vice. Grâce à ces réactions se produit le nettoyage du genre humain et des processus cosmiques des âmes défectueuses, incapables d'évoluer.

Comment faire pour ne pas tomber malade :

Après avoir examiné les principes théoriques de base, révélant les causes de l'apparition des maladies, répondons à la question: qu'est-ce qu'une personne doit faire pour ne pas tomber malade?

Pour rester en bonne santé, il faut respecter 3 points principaux:

1. Il est nécessaire de manger correctement et organiser périodiquement des jours de jeûne;

2. Il est nécessaire faire de l'exercice régulièrement, pratiquer des exercices physiques adaptés à votre âge, tempérer systématiquement les procédures d'eau et d'air ;

3. Être spirituellement pur et respecter les lois morales du développement social.

Les maladies héréditaires

Passons maintenant à des maladies héréditaires qui s'étendent de génération en génération et menacent pratiquement tous les membres d'une famille. Elles se réfèrent aux maladies karmiques mais dans la famille, tout le monde ne tombe pas toujours malade, y en a qui souffrent, y en a qui n'en souffrent pas ce qui veut dire qu'on peut éviter ces maladies.

À cet égard, une question se pose: comment peut-on se débarrasser des maladies héréditaires?

Dans la lutte contre les maladies sauf des facteurs mentionnés précédemment, le caractère d'une personne, ses qualités personnelles jouent un rôle important. L'élimination de la prédisposition héréditaire dépend uniquement du désir d'une personne de s'en débarrasser, de sa volonté. Après tout, une personne dans un traitement indépendant manque toujours de persévérance, d'obstination et de volonté, ce qui lui permet de se forcer à s'engager dans la même chose de jour en jour, pendant une longue période.

Lors de la lutte contre la maladie, il est important d'inclure un facteur psychologique. C'est lui qui influence beaucoup l'élimination des défauts qui apparaissent dans le code du gène. L'individu travaille assidument sur lui-même et supprime les défauts, et toutes les régularités du code sont restaurées. Cela va déjà normaliser les indicateurs héréditaires. En outre, les Maîtres Supérieurs s'impliquent aussi à cette situation. En analysant le travail d'un humain sur lui-même afin de débarrasser ses descendants de certaines maladies, Ils aident cette famille à se débarrasser des maladies héréditaires.

L'individu, même dans la lutte contre la maladie héréditaire doit établir un schéma pour la combattre.

En fonction de l'espèce d'une maladie héréditaire dont la personne est atteinte, elle doit choisir pour elle-même un ensemble d'exercices spécifiques et les effectuer régulièrement. La maladie héréditaire est une maladie visible: une personne voit ce dont souffre sa mère ou son père, son grand-père ou sa grand-mère. Cela lui donne l'opportunité de prévoir à l'avance qu'un jour elle peut devenir malade elle-même. Par conséquent, jusqu'à ce que la maladie se manifeste en lui et gagne en force, un humain doit établir une série de mesures visant à prévenir cette maladie.

Si le père, par exemple, avait une maladie cardiovasculaire, on peut utiliser la méditation en tant qu'outil préventif en conjonction avec l'utilisation de décoctions des herbes appropriées. En outre, il faut faire attention à l'alternance du stress physique et nerveux et du repos.

Si les maladies héréditaires sont des maladies gastro-intestinales, on doit, avant l'apparition de certains signes, adhérer à l'alimentation, éviter de surcharger et essayer d'observer un certain régime.

Lorsqu'une personne a des maladies neurologiques et mentales héréditaires, elle doit chercher à éviter les situations de conflit, les divertissements liés aux émotions, et à éviter de voir certains films. Si des conflits et des échecs surviennent quand même, il faut apprendre à éviter des conditions stressantes: attirer l'attention sur la solution de certains autres problèmes, se détendre et méditer ou passer activement au sport. Les exercices physiques aident à soulager les tensions nerveuses et à se distraire. La méditation effectue également ces fonctions et, en même temps, aide une personne à nourrir l'énergie cosmique.

La méditation est bonne en tant que médicament préventif mais il faut apprendre à l'utiliser correctement pour obtenir l'effet désiré. Elle vous permet d'éviter les étapes initiales de nombreuses maladies ou d'éteindre les degrés légers des premiers stades de certaines affections.

Pendant ce temps, avec un état détendu du corps, toutes les pinces, tous les blocages des canaux d'énergie sont enlevés. Si un organe quelconque jusqu'ici ne recevait pas une énergie nécessaire à cause de bouchage, puis grâce à la méditation et au nettoyage des canaux, des flux d'énergie seront transmis, ce qui va le nourrir et améliorera le travail. Si, cependant, la personne aidera mentalement cet organe, en imaginant que le flux d'énergie nécessaire, qu'elle reçoit à travers le chakra supérieur de la tête, est dirigé dans un bon endroit, dans lequel des échecs sont observés, cela renforcera l'effet de sa récupération.

Lors de la méditation, l'individu doit se concentrer sur la pensée qu'il est en bonne santé, que tout va bien. Il y a une certaine autosuggestion.

Si, grâce à de telles mesures préventives régulières une personne réussit à supprimer les signes de la maladie héréditaire, alors, dans la prochaine génération, elle n'apparaîtra pas en raison d'un travail intensif. La prochaine génération peut être soulagée de cette façon des maladies héréditaires.

Cependant, une personne doit toujours se rappeler que la lutte contre les maladies héréditaires est un grand travail qui **nécessite l'attrait de la volonté, de la persévérance et de certaines connaissances. Sans la connaissance et la compréhension des processus, une personne moderne ne peut pas agir.**

En outre, nous devons apprendre à comprendre la vie en termes de restrictions d'âge sur le comportement humain. Ce qui est possible et disponible pour un âge, n'est pas à faire à un autre âge.

Par exemple, Paul Bragg a mené un mode de vie correct et a vécu plus de 90 ans. Ses connaissances l'ont y aidé. Dans sa vieillesse, il se sentait tellement bien qu'il pouvait faire de la planche à voile sur les vagues. Ce sont des actions qui ne correspondent pas à son âge. Mais on ne peut pas tromper le destin. Tout programme doit se terminer, donc les Supérieurs l'ont retiré de la vie avec l'aide de ce divertissement. En roulant sur la vague, il a perdu le contrôle, est tombé dans l'eau et s'est noyé.

Donc, les Supérieurs ont montré que peu importe comment on se sent, nos actions et nos divertissements doivent correspondre à notre âge.

En outre, le mode de vie régulier et les connaissances sur la maladie ont contribué à prolonger la vie d'une autre personne célèbre – chirurgien cardiaque, académicien Nikolai Amosov. En aidant les autres contre les maladies du cœur, il souffrait lui-même d'une de ces maladies. La raison de sa visite chez un cardiologue est bien évidente: la surcharge, la responsabilité constante pour la vie des autres et l'incapacité de se détendre, la manque de repos et du temps libre. Tout cela dans son ensemble a provoqué une maladie de son propre cœur. Mais les connaissances dans ce domaine l'ont aidé à prolonger sa vie. À l'aide d'un stimulateur cardiaque, il a vécu encore 10 ans. Donc, le cours de la maladie doit être observé et réglementé. Les connaissances et la compréhension de son ennemie permettent à un humain de gagner encore quelques années de vie dans la lutte contre la mort.

Mais en même temps, une personne ne doit pas oublier que seulement les Supérieurs dominent sur sa vie et, par conséquent, aucunes astuces, connaissances et richesse ne l'aideront à devenir éternel.

L'énergie des plantes

Les plantes ont été depuis toujours des assistants parfaits de l'homme dans la lutte pour sa santé.

Beaucoup d'entre eux ont des propriétés curatives, et un humain s'en servait depuis l'Antiquité mais personne ne savait comment les plantes traitent et pourquoi. L'homme a supposé que leurs propriétés curatives principales sont basées sur les microéléments que les plantes apportent dans le corps du patient.

Bien que ce soit le cas, toutes les propriétés curatives principales des plantes sont basées sur leur énergie vitale qu'elles peuvent transmettre à une personne pour la renforcer. Les plantes apportent de l'énergie supplémentaire à l'organe malade ce qui l'aide à faire face à la maladie. Même si les herbes sont séchées, elles conservent leur énergie jusqu'à la décomposition complète de leur matière. Par conséquent, les herbes sont stockées pendant deux ans au maximum, puis les processus de décomposition commencent et les propriétés curatives sont amoindries.

Mais les plantes fraîches sont plus efficaces que celles séchées. Par conséquent, au printemps et en été il est préférable d'utiliser pour le traitement des parties (des feuilles, des écorces, des brindilles, des racines) des plantes éveillées après l'hibernation.

En ce qui concerne le traitement des cachets chimiques, il aide à détruire la maladie, et en même temps contribue à l'apparition des réactions dans le corps qui enlèvent une énergie vitale d'un humain, ce qui contribue finalement à réduire la durée de sa vie.

À cet égard, les herbes ne donnent pas un tel effet secondaire.

Mais dans le traitement des herbes, il est important de tenir compte de l'identité des énergies de l'homme et de la plante. Si une personne habite dans un endroit depuis longtemps, il se construit selon les énergies de cette zone de la planète.

Tout ce qui se trouve dans la même zone de la Terre (ce sont de zones concrètes) fonctionne avec un certain type d'énergie, ainsi tous les êtres vivants: les plantes, les insectes, les animaux, les gens sont soumis au travail avec cette gamme d'énergie.

Par conséquent, pour le traitement, une personne doit utiliser des plantes avec la même énergie que la sienne, c'est-à-dire elle doit prendre ces plantes dans l'environnement le plus proche. Mais si elle vit à Moscou et tente de se traiter par des plantes d'Afrique ou d'Australie, elle n'aura aucun effet thérapeutique parce que les plantes étrangères transportent des énergies qui n'existent pas dans le corps d'un Russe.

Tout organe a besoin d'énergies homogènes qui le nourrissent, sur lesquelles il peut fonctionner. C'est comme si la voiture fonctionnait à l'essence, et au lieu de cela on y versait du kérosène ou de l'eau. Sauf préjudice, il n'y aura rien de bon.

Le traitement des personnes des différentes nations a ses propres nuances. Chaque peuple a des plantes médicinales qui lui correspondent, et qui contiennent une énergie similaire à la sienne. Chaque nation est ajustée à sa propre gamme d'énergies et doit travailler avec elle. Une gamme est calculée pour un certain Niveau du développement. Chaque nation a son propre Niveau évolutif, et se trouve sur un certain degré de la hiérarchie humaine. Donc le Niveau est une gamme spécifique d'énergies. La hiérarchie du développement humain réunit plusieurs gammes d'énergies, allant du plus bas au supérieur.

Mais plusieurs nations se trouvent sur le même degré de développement et sont unies par un seul Niveau, par conséquent, elles peuvent avoir beaucoup de choses en commun dans leur traitement.

En raison de l'existence d'une hiérarchie chez les gens, c'est-à-dire de leur développement dans différents spectres d'énergie, certains vont correspondre à des fréquences d'énergie faibles, d'autres vont correspondre à des fréquences moyennes, et les troisièmes à celles élevées. Ainsi, compte tenu de cela, il faut aussi prendre en considération le Niveau d'un humain et des plantes médicinales. La médecine doit diviser les plantes et les personnes en Niveaux selon des fréquences d'énergie, lesquels sont plus élevées, lesquels sont plus faibles en énergie, lesquels occupent une position intermédiaire, pour après les conformer les uns avec les autres. La science doit élaborer un tableau de ces correspondances.

Si un individu très développé essaie de se guérir par des plantes d'un Niveau bas, donc s'il essaie d'utiliser de l'énergie de basse fréquence à des fines thérapeutiques, ces plantes ne l'aideront pas. Ces énergies seront excrétées de son organisme comme des déchets puisqu'elles ne sont pas identiques à son énergétique qui occupe un Niveau supérieur. Cela est bien visible dans la pratique.

Pourquoi une personne dit: "J'ai été aidé par une moustache dorée. J'en suis complètement soigné", et une autre personne dit: "Moi, j'en ai bu une tisane pendant deux mois, et je n'ai aucun effet"? La raison de cela consiste dans le fait que cette plante ne correspond pas à la deuxième personne ni par le type d'énergie, ni par le Niveau de son développement. La moustache dorée ne pourra pas apporter de l'aide aux personnes hautement développées. Mais j'ai donné un seul exemple à titre illustratif. Cependant, nous tirons deux conclusions principales.

Pour qu'une plante soigne une personne, elle doit lui correspondre:

1. Selon le type d'énergie (sa qualité);

2. Selon le Niveau de développement. (La hiérarchie des plantes doit correspondre à la hiérarchie d'un humain, ce qui s'exprime dans le fait qu'un humain et les plantes travaillent avec une gamme d'énergies du même Niveau).

Cependant, certaines personnes se déplacent d'un endroit à un autre, elles vivent tantôt dans un pays, tantôt dans un autre. Et leur énergétique alors acquiert une composition moyenne. C'est-à-dire, ces personnes vont contenir les types des énergies de plusieurs nations. Par ailleurs, les nations elles-mêmes parfois se mélangent par des mariages, créant des enfants de Métis. L'énergétique de ces derniers sera plus riche que celle des représentants d'une seule nation. Pour ces personnes, les Supérieures créent des plantes dont l'énergétique englobe plusieurs nations dans leur propre spectre.

En général, plus une plante est capable de traiter des maladies différentes, plus haute est la position de son Niveau qu'elle occupe, plus haut elle est placée dans son hiérarchie et travaille avec plus de types d'énergie.

Par exemple, le millepertuis se réfère à ces plantes. Comme le disent les gens, cette plante traite 99 maladies à peu près, ce que confirme une large gamme d'énergies, couvrant plusieurs Niveaux inférieurs.

Pour de nombreux patients, la phytothérapie et l'homéopathie ne donnent aucun résultat positif en raison du fait que les deux indicateurs mentionnés ne sont pas pris en compte dans le traitement: le Niveau et l'uniformité qualitative des énergies.

De plus, chez la même personne, tous les organes travaillent sur de différents spectres d'énergie, car dans le corps ils sont disposés dans une hiérarchie. Cela signifie que chaque organe a besoin d'une plante concrète pour son traitement, qui lui fournirait l'énergie requise selon sa qualité et sa fréquence.

La plante utilisée pour le traitement doit fonctionner avec l'énergie du même spectre, avec lequel l'organe fonctionne. En raison du fait que les organes ont leur propre hiérarchie, donc travaillent strictement avec leur gamme d'énergie, ils ont besoin de plantes différentes, correspondant à l'énergie de chaque organe.

On peut établir un tableau de correspondance des plantes à divers organes et systèmes du corps humain. Cette correspondance est très importante dans le traitement pour obtenir l'effet désiré. Avec l'utilisation de plantes appropriées, **les cellules d'un organe malade reçoivent l'énergie de la fréquence requise, et cette énergie supplémentaire les aide à se rétablir.**

Si notre médecine terrestre aurait choisi le bon chemin du développement, non chimique avec des comprimés et non chirurgical, mais serait engagée dans la recherche en combinant au moins l'énergie de l'homme et de la plante, l'humanité aurait prolongé sa vie pour quelques décennies.

La protection à l'aide des plantes

Les plantes ont une autre qualité étonnante: elles sont en mesure de protéger une personne contre les essences astrales, le mauvais oeil, le sort, la jettatura.

Par exemple, les entités faibles qui s'installent souvent près d'une personne, sont bien repoussées par des brindilles en bois de santal, des chardons, de l'encens (c'est aussi la résine de bois). Habituellement, ces plantes sont allumées pour que la fumée enveloppe l'habitation, seulement ce ne soit pas la fumée qui expulse les essences, mais plutôt la haute énergétique des plantes, libérée lors de la combustion. Les entités de condition basse ne peuvent pas résister aux hautes fréquences d'énergie, donc elles s'éloignent.

Parfois, à des fins de protection, on n'utilise pas un seul type des plantes, mais deux ou trois, qui, dans leur ensemble, donnent le potentiel énergétique nécessaire, qui affecte négativement les entités inférieures et les expulse.

Donc, **si on fait bouillir 21 feuilles de laurier avec trois branches d'absinthe** et les laisser pour une heure, alors cette tisane va expulser les essences faibles et neutraliser les zones défavorables dans l'appartement.

Tout est basé sur les lois de la physique: le potentiel élevé de l'énergie des plantes expulse le faible potentiel des êtres astraux.

Ou, disons, sur quoi est basée la protection contre les vampires lors de l'utilisation du pieu en tremble?

Ici aussi, c'est l'énergie qui se met en action. Le tremble a une énergie particulièrement élevée, dont la fréquence agit de manière destructrice sur le corps physique d'un vampire. Il détruit les liens du corps astral avec le corps physique, et l'âme du vampire ne peut plus, comme il le désire, rentrer dans son corps qu'il utilise pour se manifester dans le monde physique. En effet, l'âme du vampire maintient des liens astraux et peut donc, sous certaines réserves, entrer dans son ancien corps et le contrôler. Mais la puissance de tremble détruit ce lien, et le vampire quitte ce monde pour toujours.

Lorsque les plantes sont utilisées contre le mauvais œil ou contre le sort, leurs actions sont également prévues pour influencer le faible potentiel par le plus fort. Le mauvais œil s'accompagne de la formation des ruptures dans la couche subtile protectrice de la personne, d'où l'énergie vitale commence à couler, donc l'individu se sent mal. En utilisant des tisanes spéciales qui créent un potentiel énergétique puissant de la protection, une personne restaure la couche subtile et répare des ruptures avec une énergétique puissante. Son bien-être s'améliore.

Il y a des plantes dont l'énergétique est capable de neutraliser d'autres énergies, également utilisé pour la protection. Les énergies élevées de ces plantes neutralisent les énergies négatives basses et créent ainsi une protection pour un humain.

Le traitement avec les codes

Le traitement d'une personne à l'aide de codes numériques repose également sur le travail avec l'énergie des organes.

Je tiens à vous rappeler que chaque organe humain fonctionne sur sa gamme des énergies et est connecté à sa planète du système Solaire, qui est capable de lui donner le même type d'énergie. Tout organe est construit fonctionnellement pour traiter les énergies de sa gamme. Lors de leur traitement, donc de leur transformation, il y a une augmentation du Niveau des fréquences des énergies.

Chaque organe possède son propre code, composé d'un certain chiffre ou d'un nombre.

Le code contient les caractéristiques des énergies des Niveaux différents. Chaque chiffre qui constitue le code comporte une énergie d'une certaine qualité. Les codes permettent de diviser les énergies par les fréquences et de les systématiser dans leur application à un humain. Chaque corps a son propre code individuel. Dans ce cas, le code des organes principaux est exprimé en un chiffre, et des organes secondaires par un chiffre double, dépassant le nombre 10.

Le code du cœur est exprimé par le numéro 1, le foie, c'est 2, les poumons – 3, les reins – 4, la rate – 5, le cerveau – 6, l'estomac – 7, le pancréas – 8; les os et le squelette ont le code 9; les organes sexuels – 10.

Les organes secondaires: le sang – 11, les nerfs – 12, la peau – 13.

Mais ces codes concernent aussi la construction d'organes. Ce sont les codes des organes. Ils ne doivent pas être confondus avec le code du gène qui comporte toute l'information sur la partie matérielle de l'organe. Il contient des informations plus complexes liées aux caractéristiques physiques, aux fonctions des organes et à leur construction matérielle.

En auto-traitement, on peut nommer le code d'un organe malade et lui envoyer mentalement de l'énergie supplémentaire. Il faut le faire pendant deux semaines. Cela peut aider à restaurer ses fonctions sous réserve du respect d'un certain régime: d'alimentation, de la réduction du stress mental et des exercices modérés.

Mais il existe aussi des codes de guérison. C'est une innovation des Supérieurs. En raison du fait que les gens rattrapent maintenant leurs dettes antérieures, les maladies causées par la dégradation de la matière physique et du code génétique des biomatériaux ont commencé à entraver l'accomplissement par les gens de leur programme. Afin de restaurer rapidement la santé humaine, les Supérieurs ont donné aux gens des codes de traitement numériques.

Le code de traitement est basé sur l'énergie spécifique de l'organe ou de la maladie. L'action de son énergétique vise à mettre les fonctions dans un état normal. Il est toujours développé par le Système Médical du cosmos et ne représente pas une innovation d'un humain.

Un organe peut être atteint de plusieurs maladies. Chacune d'entre elles est associée à une fréquence unique qui fait partie du spectre avec lequel ce corps fonctionne, ainsi qu'avec les Niveaux des gens.

Le foie d'une personne peut être atteint d'une maladie quelconque, et ce n'est pas le cas pour l'autre, bien qu'elles vivent à côté, parce que la deuxième personne a l'organe qui travaille sur des fréquences plus élevées, car son niveau de développement est plus élevé. Autrement dit, on a encore des nuances que le code de traitement doit aussi prendre en compte.

Compte tenu de cela, le même organe chez les personnes de deux Niveaux différents (par exemple, 10ème et 30ème)* doit être traité par des codes numériques différents. En outre, les diverses maladies d'un organe sont traitées avec des codes différents.

Seulement les personnes appartenant au même Niveau du développement et à la même nation peuvent guérir les mêmes organes par le même code numérique.

Maintenant, les gens reçoivent des codes moyens qui couvrent plusieurs Niveaux du développement. Mais dans le futur, tout sera réuni en un système, et chaque Niveau aura ses propres codes.

* - Généralement, pour un humain, les 10 Niveaux sont combinés en un seul lors de la création d'un code médical, puisqu'il existe une certaine homogénéisation.

Le traitement par l'autosuggestion

Lors de l'autosuggestion, un humain fait recours à son énergie personnelle. Il imagine dans ses pensées qu'il l'envoie dans un endroit malade. Habituellement, l'énergie psychique participe à ce processus. Elle commence à diriger les ordres mentaux de la personne et oblige l'organe malade à mobiliser son travail. L'énergie supplémentaire qui lui est envoyée, nourrit l'organe, aide à éliminer la fuite de sa propre énergie qui se produit par des cellules endommagées.

Cependant, en ce qui concerne l'autosuggestion, il est nécessaire de diviser les personnes en deux types: certains d'entre eux cèdent à l'autohypnose, et d'autres non. Ces différences aident à maintenir la structure différente des personnes. Une personne avec un haut potentiel énergétique, c'est-à-dire selon son haut Niveau de développement, son âme est spécialement conçue de telle sorte que l'autosuggestion ne fonctionne pas dans son corps. Mais pourquoi est-ce fait?

Les individus très développés ont un plus grand potentiel énergétique de l'âme, ce qui signifie que leurs énergies ont beaucoup plus de puissance que le potentiel de la matière physique de leur corps matériel. Par conséquent, le potentiel supérieur de l'âme peut agir sur l'organe de manière destructive. L'énergie dirigée vers l'organe est même capable de le brûler. On peut avoir un effet inverse.

Par conséquent, afin de protéger cette personne très développée, sa structure dispose des éléments de protection de construction qui bloquent le traitement de l'organisme par la méthode de l'autosuggestion.

Pour cette raison, aucun médium ne peut se guérir soi-même. Sa construction est fermée pour cela car on observe chez lui une grande différence entre le potentiel énergétique de son âme et le faible potentiel de son corps matériel dans lequel cette âme est installée. Le médium doit s'adresser aux autres pour qu'ils l'aident, à ceux qui ont une énergie plus élevée ou chercher d'autres méthodes.

Les personnes possédant une énergétique faible et moyenne sont conçues de telle manière qu'elles peuvent être traitées par l'autosuggestion. Ainsi, elles apprennent en même temps à contrôler leur pensée et accomplir un certain travail avec elle.

Le traitement avec la musique

La musique est l'énergie, construite sur une combinaison harmonieuse de certaines fréquences.

Chaque organe fonctionne dans son spectre énergétique, à sa fréquence. Un organe sain sonne harmonieux. Mais s'il tombe malade, ses fonctions violées, les cellules malades commencent à émettre de faux sons, l'harmonie est perturbée. Il est possible de faire ses diagnostics sur les fréquences des énergies de l'organe. Mais pour cela, on a besoin des instruments très précis pour capturer des énergies subtiles et physiques. Pour l'instant, ce diagnostic est compliqué pour un humain, mais il est prometteur pour le futur développement et la prévention des maladies des organes.

Le son peut être utilisé pour restaurer l'activité fonctionnelle, mais il est aussi nécessaire de diviser les personnes en Niveaux ou au moins en trois types principaux: faible, moyen et élevé. Leur organe va fonctionner à sa fréquence: faible, moyen et élevé, liée au même spectre. Pour le traitement des personnes de condition basse, on a besoin des sons plus brutaux, des personnes moyennes ont besoin des sons de milieu de gamme et celles qui sont sublimes, ont besoin des fréquences élevées. Si on ne respecte pas cette correspondance, par exemple, on commence à appliquer aux personnes sublimes des fréquences brutales, elles vont rendre la douleur plus intense, et ne guériront pas la maladie.

Pourquoi beaucoup de gens très développés ne supportent pas le rock? Parce que leur âme est ajustée à la haute fréquence, ils ont une perception subtile du monde et du son, de sorte que tout ce qui est brutal, détruit leur corps et leur système nerveux, produit des dérogations dans des couches minces, détruit la protection énergétique d'un humain.

Dans cette méthode, chaque Niveau du développement des gens doit être traité par une gamme de fréquences correspondant à leur Niveau. Sinon, la musique ne va produire aucun effet curatif.

Un organe est capable de résonner à la même fréquence de son. Il est un excellent résonateur et répond à la fréquence à laquelle il est ajusté et avec laquelle il fonctionne.

Lorsque la fréquence des vibrations de la musique **correspond à la fréquence à laquelle l'organe fonctionne, il y a l'approvisionnement de son biochamp en énergie.** Il se redresse, s'il y a des défauts et se rétablit, ensuite commence à aider à corriger le travail des cellules de l'organe, ce qui crée un effet de guérison.

La nutrition du corps avec de l'énergie requise favorise son auto-récupération. D'habitude, la maladie vient du plan subtil de même que la restauration. Si l'on traite un organe malade sans réparer les ruptures ou les défauts dans sa couche protectrice et son biochamp, il se sentira bien peu de temps, ensuite la maladie va se reproduire, en passant dans une forme chronique.

Et c'est bien la musique qui permet d'influencer les structures subtiles du corps, ce qui est utile dans les mesures préventives contre certaines maladies. Par conséquent, chaque personne doit la sélectionner avec soin.

Plus correctement est construite la musique, plus elle est harmonieuse, plus fort est son effet résonnant, qu'elle peut faire sur le corps humain.

L'influence de la musique sur le bien-être d'une personne peut être observée dans son aura. Les différentes personnes ont une couleur individuelle de l'aura qui est capable de changer dans une certaine gamme.

Quand on écoute de la musique magnifique, l'aura se redresse et devient saturée, son rayonnement augmente. A cause de la musique vulgaire, l'aura s'éteint, s'obscurcit, parfois devient épineuse, comme un hérisson. Par ces changements externes dans l'aura, on peut juger de l'influence de tels ou tels sons sur elle. La musique vulgaire sous forme de rock et de musique pop peut provoquer des ruptures dans la couche protectrice du corps physique, ce qui entraîne une fuite de son énergie.

Par conséquent, la sélection appropriée de la musique est importante, quand la fréquence de vibration du son musical correspond aux fréquences de l'organe. Il y a un effet de résonance des fréquences musicales sur les cellules, et la résonance aide à renforcer les zones affaiblies de l'organe. Cela contribue à son auto-récupération.

Mais, en parlant de l'effet thérapeutique de la musique, il faut se rappeler que tout cela se réfère à des maladies insignifiantes. Si la maladie était passée à un stade grave, les mesures préventives et curatives pour fournir des soins primaires aux organes ne serviront plus.

Pour des maladies graves, il serait bien de combiner des différentes méthodes de traitement. Mais un atout de la musique est qu'elle ait un effet positif sur l'âme d'une personne, l'encourage psychologiquement et l'apaise, l'inspire et lui donne un espoir. Pour un patient quelconque, l'ambiance psychologique est très importante pour mobiliser ses propres forces afin de combattre la maladie. Ainsi, la musique est capable de traiter le corps et l'âme.

Chapitre 2

SUR LE RÔLE DES SOUFFRANCES DANS LA VIE D'UN HUMAIN

Autant un humain existe sur la Terre, autant il souffre. Y-a-t-il en cela une certaine régularité? C'est un humain qui en est coupable ou c'est quelqu'un d'en Haut qui le fait souffrir? Mais si le dernier est vrai, comment cela se fait-il ?

Nous allons essayer de résoudre ces problèmes.

Dans notre monde tout est construit sur les contrastes: le bien et le mal; la chaleur et le froid, la pauvreté et la richesse, le jour et la nuit, etc.

Les souffrances, représentent aussi un contraste, un contraste par rapport à la joie. Si un humain ne connaissait dans sa vie que de la joie et du bonheur, il n'aurait jamais réussi dans son développement. Seuls les <u>contrastes</u> lui permettent de <u>comparer,</u> de tirer des conclusions, de choisir quelque chose pour soi, à savoir, cela contribue au développement de l'âme. Sans connaître l'opposé du bien, un humain ne serait pas en mesure de comprendre quelles actions le conduisent au mal.

Une vie belle, bien nourrie arrête les progrès de l'âme car elle cherche à demeurer tout le temps dans cet état et cesse de continuer de viser quoi que ce soit. Comme c'était démontré par la vie même, les gens aisés visent juste les divertissements et les plaisirs. Mais une personne dans une situation opposée, dans la pauvreté, essaie d'apprendre, d'obtenir un bon métier et se développe ainsi.

Ce qui est propre à un humain : dans la prospérité et le luxe il commence à se dégrader ou acquérir des qualités négatives du caractère, mais quand il est dans la pauvreté ou quelque chose lui manque, son âme commence à progresser, lutter avec des facteurs défavorables et insuffisants. Autrement dit, lorsqu'une âme est placée dans des conditions qui provoquent son malaise, elle commence à chercher un état opposé, ce qui contribue à sa perfection.

Ainsi, avec les deux options de l'existence on obtient un résultat opposé. La richesse et la prospérité élèvent dans un humain des qualités qui le conduisent dans un Système négatif, et la pauvreté et des malheurs produisent dans son âme des qualités qui la conduisent dans un Système positif.

Ici, nous devons mettre en évidence les tendances suivantes. Parmi ceux qui sont à l'aise et dans le luxe, 70% à peu près choisissent la dégradation ou la voie négative, et seulement 30% sont en mesure de progresser, suivre une direction positive. Parmi les pauvres, 70% choisissent la voie du développement positive par la formation et la transformation du monde, et seulement 30% sont envoyés au Système négatif, et prennent le chemin de la dégradation.

Par conséquent, les Supérieurs sont obligés de placer artificiellement la plupart des âmes dans des conditions à la spartiate, pour les obliger à viser les études, le travail, l'amélioration de la vie. Une mauvaise vie quotidienne, par exemple, amène une personne à développer l'artisanat et apprendre à transformer l'environnement sur le territoire qui lui est attribué. Plus pauvre est une personne, plus de choses elle est capable de faire vers la fin de sa vie. (Ceci se rapporte aux âmes qui ne prennent pas le chemin négatif du développement).

La souffrance, opposée au bonheur, à la joie, pousse une âme à la recherche éternelle des états opposés et contribue ainsi à son progrès.

La capacité de comparer aide un humain à passer du pire au meilleur, donc progresser. Si on met l'homme immédiatement dans le meilleur, il n'aura plus à bouger. Il est bien ainsi, et il cherchera toujours à rester ainsi. La douceur de l'existence et les plaisirs éblouissent une âme. Mais le calme équivaut à la stagnation. La stagnation se manifeste en absence de l'acquisition de nouvelles qualités, ce qui équivaut aussi à une dégradation. Comme on le voit, le développement est basé sur le désir de l'âme de passer du mauvais vers le bien. Dans ce cas, ce sont les contrastes qui l'aident à se perfectionner.

Par conséquent, si le bonheur n'a pas d'un tel opposé comme le malheur, et la joie, comme la souffrance, alors l'âme ne pourra pas savoir où se déplacer, quoi viser, comment évoluer.

Les mauvaises conditions de vie et tout le reste qui ne la satisfait pas, aident une personne à créer des objectifs pour qu'elle puisse avec viser le mieux. Par conséquent, lorsqu'une âme passe à travers les souffrances, elle découvre le monde, les gens, leurs relations, elle se développe à travers cette connaissance. Ainsi, on peut tirer les conclusions suivantes :

1) Les souffrances, c'est un mécanisme de l'éducation et de l'acquisition des qualités humaines supérieures.

2) Les souffrances aident une âme à progresser.

Elles sont accordées à un humain d'en Haut pour l'évolution de son âme et pour son acquisition des qualités positives.

Les individus négatifs ne souffrent pas autant que les individus positifs. Ils perçoivent toutes les difficultés et les privations différemment que des personnes positives. Cela est prévu par un Hiérarchie négatif qui introduit dans les programmes de ses individus une perception complètement différente de l'environnement. Ce qui fait souffrir la personne positive, apporte une satisfaction à l'individu négatif. Par exemple, cela lui fait plaisir de se moquer des autres et de les humilier, il aime bien se faire du mal, comme c'est le cas des masochistes.

3) Les souffrances divisent qualitativement les âmes. Certaines âmes, après avoir subi des souffrances, commencent à sympathiser avec les autres, à les aider. Et il y en a qui, au contraire, commencent à haïr les autres et à se venger de leur souffrance. Donc il y a une division des âmes en positives et négatives.

Chaque difficulté est une sorte de tâche qu'une personne doit résoudre dans cette vie. Plus de problèmes elle résout, plus d'expérience elle va acquérir, et par conséquent, deviendra plus parfaite et accédera rapidement dans la Hiérarchie de Dieu.

Tout est donc lié au développement de l'âme.

4) Mais un humain engendre les souffrances lui-même par ses mauvaises actions. Le mécanisme du **karma** fonctionne. Supposons qu'on a laissé quelqu'un dans le passé ou même dans cette vie sans centime, alors quelqu'un nous laisse sans moyens de subsistance aussi. On a quitté notre famille et, après un certain temps, il y a quelqu'un qui nous abandonne.

L'homme s'est écarté des Hautes connaissances données par les Maîtres du genre humain, néglige les normes de morale développées par l'élite spirituelle supérieure de la société et, par conséquent, viole les lois du développement de plus en plus. En conséquence, il développe la dépendance karmique et, par conséquent, les souffrances, les maladies, les problèmes et les situations difficiles dans la vie suivante.

Les souffrances sont souvent accordées dans la présente incarnation pour les erreurs passées. Ne faites pas de mal aux autres, vous n'obtiendrez pas la même chose. La loi de cause à effet, ou la loi du karma, en suit clairement.

Mais le karma peut être d'une seule branche ou de plusieurs branches.

Le karma à une seule branche, c'est quand un seul événement se produit à un moment particulier qui est une conséquence, une punition pour les délits passés. Par exemple, une personne a commis un crime, et a fait ainsi que toutes les preuves accusent un autre, et l'innocent a été emprisonné. Trois ans plus tard, une situation similaire lui arrive, et cette fois il est envoyé en prison pour le crime de quelqu'un d'autre. Dans ce cas, le mécanisme de cause-effet fonctionne, c'est-à-dire, le karma d'une branche.

Le karma de plusieurs branches réunit plusieurs événements désagréables dans un petit intervalle de temps.

Supposons qu'une personne dans son incarnation précédente ait vécu de manière incorrecte: perdait de l'argent, abandonnait des femmes, humiliait ses subordonnés et jusqu'à la fin de sa vie il n'a rien compris. Donc, les Hauts Maîtres établissent pour lui un nouveau programme de vie, dans lequel il est mis dans des conditions où il est soumis à son directeur négatif qui l'humilie, constamment, on ne lui paie pas tout son salaire, car à l'époque il ne savait pas apprécier l'argent. Il devient pauvre et raté, les femmes le quittent et, finalement, personne n'a besoin de lui.

Les Hauts Maîtres établissent son programme de vie de manière à faire réveiller sa conscience, à lui faire voir le côté négatif dans les actions de l'autre et, par conséquent, à commencer à voir clair.

Maintenant, souvent, dans de nombreux endroits de la Terre, les incendies se déchaînent, en détruisant tout sur leur chemin. Les gens sont privés de tout: du logement, des récoltes, des documents. En même temps, ils perdent leur emploi. Tout ce qui se passe, provoque une crise cardiaque d'une personne et elle va à l'hôpital. De plus, sa femme le quitte. C'est l'effet du karma de plusieurs branches: un humain subit un malheur après l'autre. Pour ses mauvaises actions dans une ou même plusieurs incarnations, il paie dans une seule vie, tombant dans une situation catastrophique.

À présent, les gens rattrapent leur karma pour toute la cinquième race. Un humain doit entrer dans la nouvelle race, la sixième, sans dettes karmiques, donc maintenant plusieurs personnes participent aux événements complexes.

La loi du karma est la loi la plus sage et la plus juste. Dieu lui-même est passé à travers cette loi, a réalisé sa séance et a décidé que, dans ses mondes cette Loi doit être forcément en vigueur. Elle aide à élever l'humanité et d'autres meilleures qualités humaines.

Mais le Diable a renoncé à cette loi, dans ses mondes, elle n'est pas en vigueur.

Ainsi, on a deux raisons principales de la souffrance :

1) Les souffrances raffinent les sentiments d'une personne, développe son intelligence, permettent d'accumuler une expérience de la connaissance par des sensations personnelles;

C'est-à-dire, les souffrances sont accordées pour la **perfection** de l'âme.

2) Les souffrances sont accordées en tant que rattrapage des dettes karmiques.

- - -

Maintenant, répondons à la question comment un humain doit traiter les phénomènes négatifs et apprendre à vaincre ses souffrances :

Premièrement, il est important pour un humain d'apprendre à **ne pas provoquer des souffrances.**

Pour cela, dans n'importe quelle situation, il doit agir sur la base **des normes les plus élevées de moralité et d'éthique..** Il doit se souvenir de la liste complète des interdictions données par les Hauts Maîtres à l'humanité et les suivre strictement. Je tiens à rappeler ces interdictions: ne pas mentir, ne pas être hypocrite, ne pas humilier les autres, ne pas prendre quelque chose d'autrui, ne pas être paresseux, ne pas commettre d'adultère, etc. Conformément aux commandements de la Bible et aux normes les plus élevées en matière de développement humain

Deuxièmement, si l'individu ne réussit pas à éviter les souffrances, alors il doit apprendre à les surmonter.

Tout le monde a une attitude individuelle envers les événements négatifs de sa vie. Une personne, quand sa maison brûle, fera une crise de nerfs, et l'autre l'acceptera calmement, et commencera à chercher des moyens pour sortir de cette situation. C'est-à-dire que la réaction de l'individu au négatif dépend de la nature de la personne et de ses qualités intérieures: les qualités de son âme. Cependant, toutes les personnes doivent apprendre à traiter correctement les difficultés et les épreuves de leur vie.

Quoi qu'il arrive, il faut se souvenir que:

1) tout négatif et souffrances sont temporaires. Il ne faut jamais se désespérer, car toujours derrière la bande sombre il y a une bande claire. Les Supérieurs tentent de récompenser la personne après le choc des tourments qu'il a dû supporter. Par conséquent, la règle suivante stipule:

2) **attends que le négatif passe.**

3) **Les coups de destin doivent être transférés aussi calmement que fermement.** Cela signifie que vous ne devriez pas faire une crise de nerfs ou vous déferler avec des jurons sur votre agresseur. Vous devez réfléchir sur la situation et comprendre comment vous pouvez en bénéficier.

Si, par exemple, votre ennemi a mis un bouton sur votre chaise, et vous vous y êtes assis, mais, ayant ressenti la douleur, vous n'avez pas montré que cela vous avait fait mal, alors vous avez fait un digne contrecoup à votre adversaire. Il voulait se moquer de vous, mais vous ne lui en avez pas donné raison, et cela l'a rendu de mauvaise humeur. C'est-à-dire que l'ennemi voulait vous casser l'ambiance, et vous aviez pu tourner la situation ainsi son humeur était gâché. Pour cela, il vous a juste suffi d'endurer ce test.

4) **Tout négatif est bien neutralisé par les processus de créativité. Et toujours tout se passe dans le calme et guérit l'âme.**

Par exemple, on a mis quelqu'un de mauvaise humeur, et il en souffre. Mais au lieu d'arroser les maux de son âme avec du vin, on peut écrire des poèmes, dessiner des tableaux. Il faut faire de l'art. Cela permet de neutraliser les émotions négatives et de les traduire de manière positive. Toutes les plus belles œuvres ont été créées par des personnes en période de leurs souffrances. L'âme souffrante du poète crée de beaux poèmes, et le compositeur fait une musique merveilleuse.

5) **Si vous êtes provoqué par des personnes du système négatif:** ils vous terrorisent, grondent, vous **ne devriez jamais répondre à leurs attaques**. Il faut les éviter et y réagir avec tranquillité.

Par exemple, votre chef appartenant à un système négatif vous accuse injustement de quelque chose et vous attaque avec des gros mots. Vous supportez calmement tout sans prononcer un mot, ce qui signifie que vous vous enfermez, n'entrez pas dans l'échange des énergies qui vous sont imposées. Si la réaction ne se produit pas, vous ne recevez pas du chef un coup énergétique qui percerait votre couche subtile.

6) **Les fortes souffrances** et la douleur de l'âme **devraient être éteintes par son propre travail. Lorsque vous vous sentez très mal, vous avez à vous réfugier dans votre travail.** Le travail permet d'oublier les problèmes et, en même temps, développe une belle qualité d'assiduité. Peu importe le type de travail à faire: faire le plancher, calculer la construction du pont ou réparer l'appartement, pourvu que vous vous immergiez dans ce travail. Le travail est le meilleur et le plus puissant guérisseur de l'âme.

7) **L'attention et la consolation des autres peuvent souvent aider à la personne souffrante.** Par conséquent, d'autres ne devraient pas rester indifférents à cette personne et doivent l'aider à s'en sortir.

8) **Pendant la période des catastrophes** et des cataclysmes, ayant perdu tout et tous, il est **préférable** de **supporter les coups du destin** et de votre karma en rendant une **aide** désintéressée **aux autres.** Quand une personne se préoccupe de quelqu'un, elle oublie son propre malheur, et l'idée que quelqu'un ait besoin de lui peut soigner ses blessures spirituelles mieux que tout guérisseur. En même temps, **en aidant les autres, elle corrige son karma et acquiert des qualités merveilleuses de l'âme.**

9) Toute personne positive doit se souvenir que dans toute situation, Dieu lui accorde le droit de choisir. Par conséquent, il faut réfléchir sur chaque situation et chercher scrupuleusement la solution, comment en sortir avec dignité, ainsi que ce soit acceptable pour Dieu.

Donc, **un humain peut apprendre pleinement à gérer ses souffrances et à changer son destin pour le mieux.**

- - -

Nous répondrons à une autre question de ce genre. Un lecteur a demandé:

- Comment comprendre la phrase de la Bible: "Que j'aime, je punis"?

Référons-nous à ce qui nous est le plus proche et le plus clair. Lorsque des parents aimants punissent leur enfant pour des actions indésirables, cela ne veut pas dire qu'ils ne l'aiment pas. Tout parent aime son enfant et veut que son comportement soit conforme aux normes humaines généralement acceptées.

Par conséquent, leur punition n'est pas un désir de le blesser mais un désir de diriger un enfant sur le bon chemin, pour lui apprendre à se comporter avec dignité dans la société et la famille. Les parents veulent que leur fils ou leur fille sachent voir les conséquences de leurs actes et, en observant les normes sociales de comportement, pourraient s'habituer à cette société et y exister normalement.

De même, Dieu aime l'homme en tant que sa créature et ne veut pas voir ses enfants des heureux mortels stupides mais des personnes très développées et très spirituelles.

Par conséquent, Il faut que les âmes passent à travers les souffrances, les difficultés et les épreuves. Une personne ne peut se révéler que dans des situations difficiles. Elles exposent à la fois ses vices et ses vertus. Mais, les défauts d'une personne sont détectés dans le but de les éliminer et de les transformer en dignité. Toutes les âmes sur la Terre commencent leur évolution en passant à travers les vices et les péchés. Mais un jour, elles s'élèveront aux hauteurs des mondes divins et se transformeront en des personnes très spirituelles.

Pour qu'une telle transformation d'un canard en un joli cygne se fasse, Dieu envoie à un humain les difficultés, les épreuves et les punitions quand celui-ci ne voit pas le chemin à prendre.

Il est important pour Dieu qu'une personne devienne **hyperconsciente**, apprenne à comprendre la douleur des autres et à compatir. Il n'y a aucune personne sur la Terre dont la conscience élevée se manifesterait seule. L'homme l'avait acquis en luttant contre les difficultés et les adversités. Ce n'est qu'en souffrant qu'il a appris à compatir envers les autres. Par conséquent, toutes les âmes qui se perfectionnent dans le bien, passent à travers les souffrances.

Mais si dans les souffrances, une âme commence à acquérir des qualités détestables pour le Dieu: la vulnérabilité, la malice, la malhonnêteté, la cupidité, etc., alors une telle âme est transférée au Système négatif.

Les difficultés, les épreuves et les punitions aident les âmes à acquérir de l'expérience, de la connaissance de la vie et favorisent la multiplication des qualités spirituelles.

Comment interpréter sous un aspect nouveau les souffrances d'un humain

Sauf les objectifs susmentionnés, qui sont investis dans le processus des souffrances, il y a aussi leur sens énergétique. Les souffrances sont liées au recueil dans la matrice de l'âme de certains types d'énergies et à la construction de qualités humaines individuelles sur leur base.

Passant des situations de vie, y accomplissant des actions et les laissant passer à travers ses sentiments, un humain développe certaines qualités de l'âme. S'il résout la situation correctement, il accumule des énergies nécessaires dans les cellules de la matrice. Si les situations sont résolues de manière incorrecte, l'énergie requise n'entre pas dans la matrice et ces qualités ne sont pas établies.

Par exemple, selon son programme, une personne doit acquérir de la compassion envers les pauvres et malades membres de la société, de l'amour pour un autre, de la gentillesse, de la pitié. Mais elle s'engage égoïstement dans la satisfaction de ses désirs, et n'acquiert pas ces qualités.

Par conséquent, dans la vie suivante, on lui envoie des situations critiques dans lesquelles elle doit se battre pour sa vie et celle de ses proches. Elle subit des événements terribles, des souffrances, et seulement après cela, des qualités telles que la compassion, l'amour pour un humain, la pitié, l'altruisme et même les sacrifices apparaissent en elle, lorsqu'elle est prête à sacrifier sa vie pour le bien d'un être cher.

C'est-à-dire quand la personne même ne veut pas développer des qualités divines, de sa propre volonté, on l'oblige de le faire, à travers tous les bouleversements possibles de sa vie.

Les souffrances aident une personne à former dans les cellules de sa matrice, des énergies positives, des qualités sublimes de l'amour, de la miséricorde, de la noblesse, de la responsabilité, etc.

Un individu qui n'aide pas et ne sympathise pas avec d'autres personnes, et qui ne vit que pour son propre plaisir, dans la satiété, la paix, le contentement, développe des qualités négatives telles que la raideur, la cruauté, l'indifférence, la cupidité et l'insensibilité. Avec ces qualités de son âme, cet individu ne peut entrer que dans le système négatif, mais pas chez le Dieu.

Mais posons-nous une question: est-il possible de gagner les souffrances par une bonne action?

Dans la vie moderne, beaucoup de gens essaient de vivre honnêtement. Ils ne violent pas les lois, font de bonnes actions, tentent d'aider ceux qui en ont besoin, accomplissent consciencieusement leur travail et leurs responsabilités familiales. Mais si une personne ne réfléchit pas aux conséquences de ses actions, tôt ou tard, elle en obtiendra un châtiment, même si elle fait de bonnes actions.

Après tout, parfois le bien peut devenir le mal. Par exemple, lorsque le père, voulant atténuer le sort de son fils, résout pour lui des exercices scolaires, il empêche le développement de son âme d'une qualité requise, contribue à sa dégradation. Et pour que cela n'arrive pas, le père doit lui expliquer ce que l'enfant ne comprend pas pour qu'il le fasse lui-même.

Ou les parents, par leur bonté, donnent souvent de l'argent à leurs enfants, sans vouloir les limiter dans les moyens. Les enfants commencent à fumer furtivement, prendre des drogues, commencent à chercher des tentations. En conséquence, des bonnes intentions des parents virent au drame pour leurs enfants. Ils se dégradent. Et les parents obtiennent un châtiment déjà dans cette vie. Ils doivent souffrir profondément lorsque leurs enfants se transforment en toxicomanes ou alcooliques.

Dans ce cas, la personne lui-même peut voir les conséquences de ses bonnes actions. Elle commence à se rendre compte que sauf une action en question, il y a encore ses conséquences, et parfois elles sont d'une coloration négative.

Mais pour quelles d'autres raisons peuvent souffrir des gens honnêtes?

Bien sûr, il y a beaucoup de bonnes personnes sur la Terre qui essaient de vivre correctement, selon les Lois de Dieu. Au cours de leur vie, ils gagnent un petit karma. Par conséquent, leur vie subséquente progresse calmement, sans beaucoup de choc.

Ils font peu de fautes parce que leur âme a déjà atteint un haut Niveau de perfection.

Mais ces personnes ont du mal à vivre dans la société environnante. Il leur est impossible de créer une vie complètement idéale car la société reste à un Niveau bas dans ses relations, ses mœurs et ses liens spirituels. Par conséquent, des gens honnêtes souffrent de l'imperfection de la société qu'ils voient autour d'eux.

Les souffrances des défauts du corps

Beaucoup de gens ne souffrent pas de situations, mais de défauts de leur corps. Quelles sont les causes de ces souffrances? Ils sont nés aveugles ou déjà avec des corps malades. Leurs âmes souffrent de leurs défauts.

En effet, dans chaque ville, il y a des personnes aveugles, des personnes handicapées, des enfants atteints de la maladie de Down, etc. On pourrait supposer que cela est causé par une mauvaise écologie ou directement par une sorte de perturbations dans le corps des futurs parents. Mais ce n'est pas toujours le cas.

Les Hauts Maîtres nous disent qu'il n'y a rien d'occasionnel, les régularités sont dissimulées partout. Si un corps physique reçoit un défaut dès la naissance, c'est une punition ou un test accordé à une âme d'un humain pour une vie.

Les raisons de la punition d'un humain par les Supérieures, par exemple, par la cécité, sont plusieurs:

1) **Les causes karmiques**. Une personne dans le passé, intentionnellement ou par négligence, a privé de la vue un autre et, selon les lois de cause à effet, dans cette vie elle reçoit une rétribution. Maintenant elle va souffrir pleinement du fardeau total du mal qu'elle avait commis.

2) On peut punir une personne insensible, indifférente à la souffrance des autres par la cécité. Cet individu n'est pas touché par le chagrin d'autrui, ni par les tragédies ou les problèmes d'autrui. Il ne se soucie pas si quelqu'un est mal à côté de lui. C'est une âme sèche et égoïste. Mais elle n'est pas encore perdue pour le système positif, et pour éveiller dans son intérieur des sentiments humains, la compassion, la réactivité, on la fait souffrir d'une cécité. Ce sont des mesures forcées mais autrement une âme n'abordera pas sur un chemin positif du développement.

3) Une âme paresseuse peut être punie par la cécité afin de développer certaines qualités, par exemple, les capacités musicales, la clairvoyance ou la clarté, l'intuition, le toucher, l'odeur, etc.

Par exemple, un jeune homme, étant aveugle, par sa volonté a réussi à développer un troisième oeil et a appris à s'orienter librement dans l'espace environnant sans baguette pour des aveugles.

4) En ce qui concerne les corps monstrueux, les raisons qui font souffrir un humain peuvent être très différentes.

Cela peut être la punition pour une débauche, pour un handicap causé à quelqu'un dans l'incarnation précédente, pour l'alcoolisme ou la toxicomanie et bien d'autres choses.

Si cette personne dans son passé recevait un corps beau et sain afin de pouvoir se développer librement et de manière heureuse mais qu'elle ne l'appréciait pas et a commencé à boire, à prendre des drogues, à se pervertir, alors maintenant on lui accorde un corps laid. Toutes ces énergies qu'elle n'a pas mises au point dans un corps sain, elle va maintenant les produire dans un corps défectueux à travers les souffrances et ainsi elle va compenser les dettes énergétiques du passé.

Les raisons de l'introduction de l'âme dans un corps défectueux sont nombreuses mais tout est accordé individuellement.

Comment le péché d'un humain influence l'avenir

Dans le monde animal, la notion de péché n'existe pas mais dans le monde humain, elle apparaît comme une série d'interdictions diverses. À quoi sert-il ? Qu'est-ce que c'est le péché du point de vue des Hauts Maîtres et quel effet cela fait sur l'avenir de l'homme?

Pour en parler de façon simple, **Le péché est une violation des directives-morales et éthiques adoptées par la société pendant un certain temps.**

Du point de vue cosmique, le Péché signifie un **détournement du programme** que les Hauts Maîtres ont établi pour la vie d'une personne.

Si elle passe avec succès à travers toutes les situations de sa vie, conformément aux impératifs du programme, le concept de péché devient inadmissible pour cet individu. Le juste qui est guidé dans son comportement par les plus hautes normes morales, exécute son programme le plus correctement possible. Ce sont les normes de morale qui l'aident à effectuer les bonnes actions dans de diverses situations. Par conséquent, les normes de comportement les plus élevées permettent à une personne d'éviter le péché et l'aident ainsi à réaliser correctement le programme personnel de sa vie.

Si une personne est guidée dans ses actions par de faibles normes de morale, elle fait beaucoup d'erreurs qui contribuent à la non-réalisation du programme et établissent des liens karmiques qui passent dans sa vie suivante.

Ainsi, le péché, c'est une interdiction à une personne de commettre des actions négatives qui l'empêcheraient d'acquérir des qualités positives de l'âme et d'entrer dans la hiérarchie de Dieu.

Mais le concept du Péché a également un aspect énergétique. Par conséquent, **du point de vue de l'énergétique, le Péché est l'acquisition d'une mauvaise qualité d'énergies par l'âme,** que celles dont elle a besoin pour réaliser correctement son programme.

Si, par exemple, on propose à un enfant de nettoyer sa pièce mais qu'il ne le fait pas, ainsi il viole inconsciemment les règles du développement en général acceptées dans la famille. L'enfant est paresseux et n'obéit pas à ses parents. Ceci est considéré comme un péché. Si une personne est paresseuse et désobéissante, elle **n**'accomplit **pas** son programme correctement.

Avec le bon passage de son programme de vie, elle doit obéir à ses parents et suivre leurs instructions. Dans ce cas, son âme développe dans la matrice les énergies nécessaires, à savoir: les qualités d'obéissance et de diligence. Tout cela est formé par une simple et juste action.

Quand une personne est paresseuse, son âme ne reçoit pas les énergies requises, et le développement ne se produit pas.

Il est important de saisir un lien entre le concept du « péché », l'action et la réception ou, à l'inverse, la non-réception de l'énergie par une âme, ce qui contribuerait à son amélioration.

Toutes les interdictions dans le comportement d'un humain visent le fait qu'il doit savoir que l'interdit conduit à la production des énergies basses qu'on ne laisse pas passer dans la matrice de l'âme, mais qui sont retenues par des couches temporaires et, après la mort, sont enlevées avec elles.

Pourquoi on ne peut pas boire, se droguer, voler, tuer, se dévergonder? Parce que ces actions conduisent à l'acquisition par un humain des énergies défectueuses ou négatives qui ne forment pas une âme dans la direction Divine.

Toutes les interdictions sont liées à la construction de la matrice de l'âme d'un humain. L'action qui est interdite, ne construit pas une matrice dans les qualités divines. Le concept même du «péché» était initialement accordé de façon simplifiée, comme une interdiction de commettre certains actes. Mais en fait, le péché exprime des processus complexes qui relient les situations de la vie, les actions humaines et les constructions subtiles qui se produisent dans ses couches et dans la matrice de son âme.

Quant à l'influence du péché sur l'avenir de l'individu, le karma le reflète très bien. Tout ce qu'un humain avait fait de travers dans sa vie actuelle, sera reproduit dans son incarnation suivante, jusqu'à ce qu'une personne apprenne à régler correctement les situations de sa vie, c'est-à-dire jusqu'à ce qu'elle développe des qualités nécessaires selon le programme donné.

Mais la repentance dans ses péchés, peut-elle sauver un humain des souffrances?

La repentance est la purification, la prise de conscience de ses erreurs, de mauvaises actions quelconques.

Beaucoup de gens se repentent de quelque chose et, après un certain moment, commettent les mêmes infractions. C'est-à-dire, ce n'est pas que la repentance n'était pas insincère, plutôt inconsciente. Avec cette repentance, lorsqu'une personne se repent d'abord mais après un certain temps fait le même, elle n'améliore pas son avenir mais l'aggrave.

Si un individu se repent sincèrement et ne répète plus ses fautes, on lui enlève une partie de son karma, et dans son avenir cet homme se débarrasse de certaines souffrances.

Mais beaucoup dépend de la gravite du péché. Si un humain avait tué quelqu'un ou avait porté un préjudice à la santé d'un autre, alors, quelle que soit sa façon de se repentir, dans l'avenir il va assumer un châtiment similaire. (Les situations des opérations militaires font une exception).

A pardonner tous les meurtriers repentants, ils deviendront de plus en plus nombreux car ils sauront qu'ils seront pardonnés, qu'ils sont impunis. Mais selon les lois de cause à effet, les péchés graves ne sont pas pardonnés d'en Haut, mais on les fait rattraper dans l'avenir, à travers des situations similaires. Dans ce cas, les Hauts transforment un bourreau en une victime, c'est-à-dire il sent ce qu'il a fait à un autre.

Cependant, si la repentance est sincère, un certain relâchement est accordé à une personne.

En ce qui concerne des fautes insignifiantes, elles sont pardonnées à une personne sous réserve qu'elle s'en est rendue compte et se repentit de les avoir commis.

Ce n'est qu'alors que **la repentance débarrasse complètement une personne des souffrances** seulement si par la suite elle s'efforcera de vivre **toujours** de manière correcte. Dans ce cas, les Supérieurs prenant en considération ses aspirations vers le mieux lui établissent un programme de sa vie suivante sans souffrances. C'est une récompense pour les efforts qu'elle a manifesté en luttant contre ses tentations dans sa vie actuelle. Les Supérieurs tiennent compte de tout.

Ainsi, la repentance dans les péchés est nécessairement associée au comportement ultérieur de la personne. En fonction de son comportement après la reconnaissance de ses erreurs, elle peut être punie soit de maladies, d'échecs ou de situations complexes dans la vie, soit une partie de ses souffrances peut être enlevée.

Si les souffrances sont sauvegardées dans l'avenir

Nous ne parlerons que des représentants de la cinquième race, finalisant leurs dettes passées et complétant des cellules inachevées des qualités dans la matrice de l'âme. Ils ne peuvent pas passer dans la sixième race jusqu'à ce qu'ils se forment d'une certaine manière. Par conséquent, nous donnons des prévisions seulement pour eux. Alors que l'âme n'a pas encore atteint le Niveau requis de perfection, elle ne peut pas être débarrassée de la souffrance.

La question qui se pose immédiatement est pourquoi?

Le développement transforme une âme aveugle en une âme voyante. Et pour l'instant, en raison de sa cécité, une personne prend le mal pour le bien, les distractions pour le chemin du développement, les instincts animaux pour l'amour et la poursuite du luxe et des biens pour les objectifs principaux de sa vie. Il n'est pas capable de séparer l'illusion de la réalité, donc il étend son propre bien-être à tout un genre humain, ainsi que des échecs personnels à tout le monde. C'est-à-dire, une personne a une telle tendance à croire que s'il est bien et a assez d'argent, la même chose se passe avec les autres, ils sont aussi bien et à l'aise. Mais quand il se sent mal, il dit: "Comme nous vivons tous mal!"

C'est bien le cas de l'acceptation de l'illusion de ses propres sentiments pour la réalité. C'est une cécité mentale, pas la capacité de voir au-delà de son propre bien-être ou de son propre malheur. Et cela veut dire que cette âme a plein de choses à apprendre. Toute seule, elle ne peut même pas voir clair.

Les mécanismes de son éveil de l'hibernation sont les difficultés de la vie, les épreuves, les situations extrêmes, mais tous accompagnés d'émotions négatives. Ceux, qui ne veulent pas se développer et s'y connaître en subtilité de l'existence actuelle, sont obligés de le faire, on les fait passer à travers les malheurs et les souffrances.

Mais un humain se demande: comment faut-il s'y connaître? Je donnerai un exemple d'aspirations humaines pour la plupart des jeunes âmes. Comment passent-ils leur temps libre maintenant? Vont-ils dans les cafés, les restaurants, les discothèques, aux concerts, voir des films qui ne leur apprennent rien, mais les distraient, font-ils un passe-temps vide avec des amis, etc.

Mais le même temps pourrait être utilisé pour son propre développement: apprendre à jouer d'un instrument de musique, à bricoler quelque chose, à étudier les sciences, à réussir dans le sport, l'art, apprendre à faire les choses nécessaires pour la maison et la famille. Comme le temps libre non utilisé pour ce qui est approuvé par les Supérieurs, tous ceux qui passent leur temps à s'amuser ou leur temps à ne rien faire, ils vont apprendre dans leurs vies suivantes à travers les situations difficiles.

Donc, les guerres, les cataclysmes, les malheurs et les souffrances vont durer encore pendant cinq cents ans sur la Terre. Mais les raisons de ces souffrances reposent sur l'imperfection de l'âme humaine et sa répugnance à se parfaire volontairement dans des qualités positives. Elle, l'âme, préfère se coucher sur le canapé et regarder le plafond au lieu de rafistoler un trou dans le mur ou réparer la porte.

Une personne reçoit des variantes des chemins du développement et elle considère la richesse d'un but de sa vie, les plaisirs - d'un chemin de la perfection spirituelle, une vie tranquille, du sommet des meilleures réalisations de l'homme.

Elle confond le matériel et le spirituel, l'indifférence et l'endurance courageuse de l'âme, l'entêtement comme un âne et la volonté de l'esprit exalté. Ainsi, toute la vie d'une personne moderne passe dans un mélange du mal et du bien, de ce qui est donné par Dieu et par le Diable.

Seulement, parce qu'elle ne pense pas comme le veulent les Supérieurs, choisit le mauvais chemin du développement, on la fait passer à travers les souffrances et les privations fréquentes, à travers toutes sortes de bouleversements.

La joie et le bien-être, la pleine prospérité dans la vie ne contribuent pas au développement de la pensée des jeunes âmes, ainsi que des qualités d'une âme requises par le Système positif. Elles produisent des qualités acceptables pour une Hiérarchie négative: la frivolité, la paresse, la faiblesse, etc…, tout cela représente la raison principale des situations complexes et des malheurs accordés. C'est grâce à eux, qu'une personne commence à réfléchir sur la vie sur la sienne.

Mais quand un individu atteint un certain degré du développement et développe en lui une telle qualité que la Conscience, il pourra s'en servir pour son progrès personnel et évaluer correctement ce qui se passe.

Dans ce cas, son développement ne passera plus à travers les souffrances mais à travers sa **prise de conscience** de la vie, lorsque la pensée logique se met en marche, ainsi que la possibilité de comparer, de tirer les bonnes conclusions, la possibilité de voir ses erreurs et de les corriger.

La voie du développement dans la sixième race sur la Terre se **passera par la haute prise de conscience** de la personne, son **autocritique** et **ses meilleures qualités supérieurs** qu'elle avait acquises dans la cinquième race.

Si les souffrances sont propres aux mondes de Dieu

Quand Dieu était une personne simple et ne dirigeait pas encore la Hiérarchie, Il a traversé lui-même de nombreux mondes pendant son développement. Il a pleinement connu les souffrances et les tourments. Juste, il a non seulement souffert, et réfléchi sur ce qu'ils lui ont donné, quelles qualités l'ont aidé à se développer. Dieu est venu à la conclusion que seules les souffrances pourraient le diriger sur un chemin positif.

Donc, le Créateur a décidé de les laisser dans les mondes bas, comme **une méthode d'éducation dans une direction positive**. Les souffrances existent dans tous les mondes de Dieu, situés au-dessous de sa Hiérarchie.

Mais les souffrances n'agissent que jusqu'à un certain Niveau du développement, à savoir, jusqu'au premier Niveau de la Hiérarchie divine, et ne s'élèvent pas au-dessus. **Il n'y a pas de souffrance dans la Hiérarchie de Dieu,** car dans les mondes énergétiques, les situations d'existence sont construites différemment que dans les mondes inférieurs, et le développement même de l'âme passe par d'autres processus. Dans les mondes spirituels, tout se passe autrement que sur la Terre. Mais surtout, les Personnes Supérieures ont déjà acquis au cours du développement des qualités qui leur permettent de comprendre correctement ce qui se passe sans souffrir et de réaliser avec précision leurs programmes.

Voici la question: comment atteindre le Niveau qui permet à une âme de se débarrasser des souffrances?

Il existe deux façons de débarrasser une personne des souffrances.

1) Pendant qu'une personne est incarnée dans le monde terrestre, elle doit savoir que **le chemin du Juste le dispense des souffrances dans l'incarnation suivante et lui garantit une bonne vie.**

2) **Afin de se débarrasser des souffrances, il faut passer dans le Haut Monde,** dans une Hiérarchie de Dieu dès que possible. **Cela ne peut se faire que par notre propre développement**. Plus vite une âme se perfectionne, plus vite elle se débarrasse des souffrances.

Mais là aussi, il y aura le chemin de la cognition du « nouveau ». Tandis que l'âme découvre l'inconnu, elle est capable de faire des erreurs et de se plonger dans une bande de sensations désagréables. Donc, pendant qu'une personne y découvre le nouveau, et c'est éternel, elle ne peut pas demeurer avec des sentiments de la joie et du bonheur totales. Ces sentiments apparaissent chez elle comme une récompense pour ce qui a été réalisé, mais pour une courte période de temps. La personne commence à voir que quelqu'un en sait plus, que quelqu'un a réussi dans des superpouvoirs quelconques, et l'Esprit d'aspiration éternelle au Supérieur lui fera sentir son insatisfaction à l'égard de ce qui a été accompli et la fera progresser de plus en plus.

Ainsi, dans les mondes supérieurs de Dieu, les souffrances disparaissent complètement, mais il reste un sentiment d'insatisfaction et un désir de la recherche éternelle d'un nouveau.

Chapitre 3

LE RÔLE DE LA MORT DANS L'ÉVOLUTION DE L'HOMME

Qu'est-ce qu'un humain connaît sur la mort? Seulement ce qu'avec l'arrêt du cœur, sa vie s'arrête. Pour un humain, la beauté du monde, les sentiments et l'amour disparaissent. Tout ce qui est beau disparaît, et à sa place vient quelque chose de terrible: une personne morte laisse pour toujours sa famille, ceux qui l'aiment, son corps physique est immergé dans le sol et se décompose là-bas. Des gens beaux et laids: dans la terre, tout est transformé en une seule poussière. Où sont les vieux sentiments, la raison spirituelle, le cœur ardent? Où disparaissent la générosité ou la colère, la tendresse ou la haine? Que reste-t-il de l'homme sauf une poignée de poussière? Est-ce juste? Pourquoi as-tu vécu, souffert, cherché, pardonné et haïs? Pour quoi tout cela?

Il semblerait qu'il soit impossible d'y répondre. Mais les Supérieurs vous accordent de nouvelles connaissances qui vous permettent de comprendre ce qui était dissimulé derrière le rideau d'un mystère. Écoutez attentivement et pénétrez avec votre esprit et votre cœur dans chaque leur mot.

Nous commençons notre récit pour ceux qui veulent connaître les Vérités Supérieures.

- - -

La mort n'est inhérente qu'aux êtres terrestres, à un humain et à un certain nombre de créatures sur d'autres planètes matérielles de notre univers. La mort est un attribut de la matière physique et des mondes d'un Niveau bas du développement.

Il y a deux types principaux des mondes: ceux physiques (matériels) et ceux subtils, c'est-à-dire énergétiques. Ils se distinguent par la matière dont ils sont créés, et par leurs propriétés. Dans notre univers, la matière physique est considérée comme basse et incapable à une existence éternelle. Donc, tout ce qui est créé ne peut pas être éternel.

Les mondes énergétiques (on les appelle encore des mondes subtils, ou des mondes énergétiques, ce qui est la même chose) sont créés d'une matière indestructible, donc les êtres qui vivent dans ces mondes sont aussi éternels et indestructibles. Dans les mondes énergétiques, il n'y a pas de mort. Par conséquent, la plupart des êtres vivants dans l'Univers, surtout dans les mondes énergétiques, sont éternels. Ils ne meurent jamais parce qu'ils sont faits d'une matière éternelle.

Pourquoi donc ont été créés des mondes avec une matière instable, qui se décompose et est incapable d'avoir une existence éternelle? Ce sont des plans temporaires de Dieu. Pendant une certaine période de développement, Il avait besoin de mondes matériels grossiers, et Il les a créés pour ses propres fins. L'objectif est de rendre la matière physique éternelle aussi. Mais cela nécessitera certaines étapes de développement et des milliards d'années.

Dans le cosmos, d'autres Dieux possèdent déjà des univers et des planètes matériels, avec une matière éternelle indestructible, donc on a quelqu'un à titre d'exemple dans le développement. Les représentants de ces êtres immortels et éternels sont venus plusieurs fois sur la Terre par ordre de Dieu.

Ils ont aidé les gens à accomplir un certain travail sur la planète. Des profondeurs du Cosmos, ils ont apporté à un humain le feu, lui ont appris à travailler avec du métal et à créer des outils de production, lui ont appris à fabriquer le verre et bien d'autres choses.

Eux, comme les Dieux, roulaient sur des chars de chariots à travers le ciel. Les chars étaient des avions de types différents. Ce sont eux qui ont détruit l'Atlantide sur les ordres des Supérieurs, lorsque le degré des vices d'un humain a atteint les limites de la morale. Ce sont eux qui ont détruit Sodome et Gomorrhe pour les mêmes raisons qui sont la violation par un humain des normes du comportement humain.

Un humain les a appelé des extraterrestres. Ces êtres matériels supérieurs ont tellement maîtrisé la connaissance de la matière et ont évolué de telle manière qu'ils sont devenus capables de contrôler la transformation de leur corps. En maîtrisant les codes de la matière, ils peuvent prendre n'importe quelle forme: devenir un beau jeune homme, puis une fille charmante, ensuite apparaître sous forme d'un être incompréhensible. Sans aucun doute, la capacité de maîtriser son corps, sa structure et sa forme, et créer des particules de la matière de toutes formes, n'est possible que sur la base des connaissances plus approfondies de la matière physique.

Ces connaissances les aident à **être toujours en bonne santé**, à éliminer à temps les maladies dans leurs organes, **à être éternels et à changer périodiquement leur apparence**, comme nous changeons de vêtements. Tout cela n'est possible que pour ceux qui disposent des grandes connaissances. Seules les connaissances font des merveilles. Donc, un humain a quelqu'un pour prendre exemple de lui.

Donc, il ne faut pas être contrarié par le fait qu'on est né dans un monde bas selon le développement, et qu'on doit souffrir et mourir des milliers de fois pour devenir parfait un jour et passer à une existence éternelle.

Quand il y a tant de créatures éternelles autour de toi dans l'univers et toi-même n'es pas encore éternel, tu penses tristement, d'où vient cette injustice ? Pourquoi devrais-je mourir?

Bien sûr, par rapport aux Personnes Supérieures immortelles situées dans les mondes énergétiques et les extraterrestres matériaux immortels, ressemblant à un humain, la présence de la mort sur Terre semble être une disgrâce flagrante. Un humain pose constamment une question:

- Mais si Dieu peut tout faire, alors pourquoi n'a-t-il pas rendu immédiatement un humain éternel? Qu'est-ce qui l'a empêché de le faire?"

Et Dieu, à travers les contacts, nous a donné sa réponse à cette question. Il est descendu aux gens pour répondre à leurs plusieurs questions.

À la fin du 20ème siècle, on nous a donné des connaissances comme quoi **l'âme humaine** est aussi faite d'une matière éternelle, indestructible et donc elle **est éternelle**.

Dans une forme humaine, il existe une combinaison étonnante de corps matériel mortel et d'âme <u>immortelle et immatérielle</u>. L'âme se réfère à des structures énergétiques, ou, comme nous le disons tout simplement, c'est une construction subtile. C'est-à-dire, dans un humain, l'éternel et le mortel sont réunis.

Donc, la mort de ce point des connaissances n'est plus un phénomène terrible mais étrange, car au moment de la mort il y a une division de l'éternel et du non éternel. Le corps physique meurt, cesse de fonctionner, et l'âme, comme un oiseau, s'envole et passe dans un état subtil. Une personne est divisée en deux mondes: une de ses constructions – le corps matériel – reste dans le monde physique, et l'autre – l'âme – passe dans le monde, où elle a été créée.

Ainsi, la mort n'est pas seulement la destruction de la couche matérielle mais la transition d'une personne d'un monde (matériel) à un autre (subtil); de l'ancien état (la forme humaine) dans un nouvel état (la forme des corps énergétiques subtiles).

Le fait que cela est bien une transition, est confirmé par de nombreuses études des médecins et savants des pays différents, les personnes qui ont été en situation de décès clinique.

Avec des dispositifs spéciaux, les savants enregistrent les rayonnements de lepton au moment de la mort d'un humain, donc ils enregistrent une projection puissante de rayonnements spéciaux. Les appareils de photos filment des nuages légers qui sortent d'un corps mort, et les gens qui reviennent de l'autre monde racontent ce qu'ils ont vu au-delà de leur existence, c'est-à-dire dans le monde subtil. Il est tout simplement impossible de ne pas croire à tous ces faits. Seul un sourd (qui ne comprend rien ou refuse de croire) ou un matérialiste invétéré ne peut pas réunir tout cela pour croire que la mort est un phénomène temporaire dans l'existence de l'âme.

Tout cela crée une image unique de la personne qui est en train de mourir, et confirme que l'âme éternelle quitte son abri temporaire, le corps matériel donc, et s'envole quelque part. Nous dirons plus tard, où elle s'en va.

Cela prouve qu'avec la mort, la personnalité d'un humain, en tant que son propre « Je » ne meurt pas, ne disparaît pas pour toujours. Elle reste et passe dans le monde subtil sous une autre forme d'existence.

Examinons maintenant la cause du décès. Qu'est-ce qui, sauf la matière faible et dégradante, empêche une personne de devenir éternelle? Pourquoi vit-elle des vies courtes et meurt? Ne serait-il pas possible de vivre au moins pendant un millénaire, ou encore mieux, trois mille d'années? Qu'est-ce qui l'empêche?

Cela peut avoir l'air étrange pour plusieurs raisons, mais **la principale raison de la mort d'une personne est dans son incapacité de se développer correctement.**

Personne, même les académiciens, ne comprennent pas

comment se développer indéfiniment selon les Lois de l'Univers. Après tout, même n'importe quel académicien, ayant atteint le sommet des connaissances quelconques, en devient obsédé, il rejette tout le reste, et ne vise plus rien, c'est-à-dire qu'il arrive dans une impasse de la cognition.

Mais la cognition doit être infinie aussi dans la vie éternelle, sinon il y aura une stagnation absolue et une violation du cours éternel de la vie. L'éternel est en mouvement constant, donc rien ne peut l'arrêter. Il a le droit de passer d'une forme de développement dans une autre.

Ainsi, l'arrêt de l'académicien en développement sur une chose, c'est déjà une forme de dégradation. Une personne qui ne sait pas où aller après dans sa perfection, et ne veut plus bouger car il est difficile de commencer à apprendre quelque chose de nouveau dès le début. Mais si l'académicien ne sait pas comment se développer correctement avec son âme éternelle, alors c'est encore plus impossible pour un humain ordinaire. Il vit habituellement d'une seule journée.

La vie éternelle exige que toutes les formations à l'intérieur d'une personne se produisent correctement. En fait, elle fait tant d'erreurs, ce qui signifie qu'elle construit la matrice de son âme de manière incorrecte. Si une personne pouvait comprendre, comment vivre correctement, et dans toute situation de la vie faisait comme le veulent les Supérieurs, alors la perfection de son âme se passerait sur une base ascendante, et la formation des cellules de la matrice se déroulerait régulièrement.

Il est clair que si notre corps physique est construit sur une base régulière qui lui permet de fonctionner correctement, la matrice de l'âme fonctionnera uniquement lorsque tout ce qui s'y trouve est construit selon les normes. Si dans le corps matériel d'un humain il y a le rein endommagé ou s'il y a un défaut dans les poumons, alors l'individu sent immédiatement qu'il a du mal à vivre. Il en est de même dans les structures subtiles.

Donc, tout doit être construit selon les lois. Les constructions dans une âme s'effectuent à travers les actions d'un humain. Alors, quand il fait beaucoup de fautes, il pèche, son âme ne peut pas être formée correctement, elle prend beaucoup d'énergies sales. Les Supérieurs ne laisseront cette âme passer dans une évolution éternelle.

C'est pour cette raison, c'est-à-dire e**n raison de constructions incorrectes, produites dans des constructions subtiles d'un humain,**

que les Hauts Maîtres doivent interrompre la vie avec la mort et corriger dans son âme toutes les mauvaises constructions, y éliminer tout l'incorrect et en nettoyer des constructions subtiles.

Une fois tout le mal et le négatif sont supprimés, il faut poursuivre les constructions dans une âme, en commençant par le Niveau du développement sur lequel l'âme s'est arrêtée. Mais l'âme ne sait pas comment faire dans sa nouvelle vie, afin de poursuivre son développement et augmenter toutes ses qualités. Seuls les Hauts Maîtres le savent. Par conséquent, ils établissent pour homme le programme du développement pour sa vie suivante. L'exécution exacte du programme permet de faire des constructions régulières en soi.

Ainsi, à l'aide des programmes, les Hauts Maîtres établissent pour un humain des objectifs du développement et l'aident dans de courtes étapes, pendant une seule vie, à créer une matrice de l'âme qualitativement. Ainsi formés, les talents, les connaissances nécessaires s'accumulent, les concepts et les aptitudes sont acquis.

Dans une vie, une personne commence se à former (par exemple: le talent de l'artiste), dans la vie prochaine elle continue et dans la troisième vie, elle rend cette qualité parfaite. Si cela concerne les connaissances, alors, dans les mêmes petites portions, elle apprend les mathématiques. Parfois, dans une vie, un élève ne peut pas terminer même après 10 ans d'école car il n'est pas encore capable d'absorber des connaissances complexes. Mais, en essayant de comprendre quelque chose en mathématiques, il peut acquérir des mauvais concepts qui, après la mort, devront être supprimés, afin que cette personne puisse continuer à construire cette qualité.

En conséquence, grâce aux programmes établis par les Hauts Maîtres, cet élève incapable, dans cinq vies maîtrisera tellement les mathématiques qu'il commencera à faire de grandes découvertes. Mais si les Supérieurs ne corrigeaient pas la construction des qualités de son âme, alors sur les mauvaises constructions se formerait un défaut, impossible à corriger. Une personne ne pourrait pas réfléchir de façon mathématique, il n'aurait même pas pu compter combien coûte deux cents grammes de fromage, tellement le défaut déroge au fonctionnement normal de la matrice.

Donc, des vies courtes sont données à une personne afin de corriger le défaut dans la construction de toutes les qualités de son âme. Grâce aux courtes vies, on répare certaines constructions dans la matrice, et la mort aide à y redresser ce qui était fait par un humain de travers.

Autrement dit, on peut supposer que si une personne se développait <u>exactement selon</u> le programme de sa vie, la mort ne serait <u>pas nécessaire comme mécanisme de la correction</u> des erreurs humaines. Mais comme tout individu commet des erreurs, pour ces raisons, les Suprêmes doivent spécialement introduire la mort dans le programme de la vie. Elle s'inscrit dans le sujet de sa vie comme un point final du programme, comme la dernière situation.

Une personne doit apprendre à vivre juste, ne pas faire d'erreurs et acquérir des véritables connaissances au lieu des fausses. Cela l'aidera à se former correctement, et les bonnes constructions pourront fonctionner éternellement, sans tomber en panne. Par conséquent, les Suprêmes arrivent à faire des constructions tellement qualitatives que même une erreur insignifiante entraîne une panne des fonctions donc, cette construction en tant que défaut sera de toute façon retirée de la circulation car l'existence éternelle ne prévoit pas des défauts dans les constructions de la matrice.

Les particularités de la mort d'un humain

La mort a un aspect technique et biologique. Le côté technique est lié à la fin du programme de la vie d'un humain, à la séparation de son âme du corps et à sa capture par certains dispositifs d'un plan subtil avec son orientation suivante dans le Séparateur, c'est-à-dire, dans un lieu de son traitement et stockage. La mort biologique est liée à l'inclusion des processus de décomposition du corps matériel et à la séparation des corps énergétiques temporaires de l'âme.

La mort survient lorsque l'individu atteint le dernier point de son programme qui comprend la situation même de la mort et tous les événements qui y sont associés.

Chacun meurt à sa manière. La mort porte un caractère individuel. Mais réfléchissons, pourquoi **certaines personnes meurent facilement, tandis que les autres souffrent pendant longtemps**? Pourquoi les uns meurent dans un lit d'hôpital, et les autres - dans une catastrophe? Est-ce que quelque chose affecte la forme de la mort?

La façon dont une personne meurt est affectée par sa vie passée et les choix qu'elle fait dans la vie réelle. C'est-à-dire, à quel point il a exécuté correctement le programme qui lui était accordé d'en Haut.

Il y a plusieurs raisons de la mort et des particularités qui se sont déroulés au cours de sa vie. On va appeler seulement quelques-unes.

1. **Si** une personne **a réalisé avec précision son programme**, alors sa mort sera facile et sans douleur. Par exemple, certaines personnes s'endorment et ne se réveillent pas, ou une personne a marché et est tombée morte immédiatement, c'est-à-dire qu'elle est tombée d'un arrêt cardiaque instantané. Ainsi meurent ceux qui ont rempli leur programme et n'ont pas fait de dettes énergétiques.

Il est très important pour une personne de ne pas avoir des dettes.

2. Mais **d'autres âmes qui sont détruites comme un défaut n'ayant pas réussi à se développer, peuvent également mourir instantanément mais d'une manière différente.** Par exemple, cela peut être une mort instantanée dans un autre accident de voiture ou dans autre accident: une personne a marché dans la rue et une brique lui est tombée sur la tête. Le décès instantané d'une balle est également considéré comme pas pénible. La mort rapide ne porte aucun tourment pour un humain. C'est-à-dire, nous voyons quand même la différence entre la mort dans le premier et le deuxième cas. **Les uns et les autres meurent instantanément, sans sentir de la douleur et de la souffrance, mais les âmes aux défauts, ont la nature même de la mort différente, pas comme celles qui vivaient bien et ont rempli leur programme.** Dans le deuxième cas, il y a de la peur, du stress, de la surprise. Cela permet à une âme de se débarrasser rapidement du corps et de donner l'énergie pour le départ de son ascension en Haut. Puisque les âmes défectueuses accumulent en elles-mêmes des énergies négatives et ne peuvent pas s'élever toutes seules, donc, à travers un effroi et le choc, on leur donne une énergie supplémentaire pour l'ascension en couches supérieures.

3. **Les âmes qui ont commis des erreurs, n'ont pas inclus dans la matrice certains types d'énergies,** c'est-à-dire **n'ont pas rempli leur programme de vie** dans le présent ou le passé, souffrent avant la mort. Le programme contient des options à choisir. Donc, souvent **par ses actions dans le présent, une personne choisit pour elle-même la forme de sa mort dans le futur.**

Certaines personnes meurent des maladies de certains organes, généralement ceux qui produisent le type d'énergie requis que les gens n'ont pas produit dans le passé ou dans leur incarnation actuelle. Si une personne ne mange pas sainement, ne devient pas tempérée, mène un mode de vie irrégulier, certains organes sont toujours en panne, et ils ne reçoivent pas suffisamment les énergies nécessaires. Par la maladie, on l'oblige à produire une énergie nécessaire, donc les dettes énergétiques d'un humain sont compensées.

Supposons qu'une personne ait mangé toute sa vie pas sainement, n'observait pas des régimes qui purifient le corps. En conséquence, ses organes digestifs produisaient une énergie de qualité pire, que si elle avait mangé correctement. Tout programme exige d'une personne des actions régulières.

Si une personne produit d'autres énergies que requises par son programme, elle fait une dette énergétique. Pour l'annuler déjà dans cette vie, les organes humains sont construits de telle sorte que, lors de leur mode de travail incorrect, des maladies se développent là-dedans. Toute maladie est formée ainsi (cela est spécialement posé par les Supérieurs dans la construction du corps humain), que l'organe malade commence à émettre de l'énergie pure, exactement celle que nécessite le programme de cette personne. Par conséquent, toute maladie purifie et élimine des endettements quelconques de l'individu.

Il est très important pour un humain de bien réaliser son programme de vie. Sa non-réalisation fait son effet tant à ses maladies pendant sa vie, qu'à la forme de sa mort.

4. **Le karma affecte également la forme de la mort**. Si dans le passé la personne avait tué quelqu'un, alors dans sa vie actuelle, elle sera également tuée. Ceci est déjà prévu sur la base de la loi de cause à effet et des lois de la morale. Une personne est élevée moralement, alors on lui fait sentir ce qu'il fait aux autres. Cela augmente sa conscience.

5. **Certains patients souffrent** avant la mort non seulement **en raison de la non-réalisation de leur programme**, mais **aussi pour tester leurs proches**, pour révéler leur véritable attitude envers le patient, pour vérifier leurs qualités humaines. Après tout, tandis que la personne est en bonne santé, on le traite d'une manière, et quand elle tombe malade, l'attitude peut changer, et ses proches peuvent devenir sans cœur et indifférents. Pour cela, on combine généralement le karma du patient et le karma de ses proches.

6. **Soit prenons la mort des nourrissons**. Pour quelle raison peut-on accorder une vie aussi courte et une mort incompréhensible?

Quand un nourrisson meurt, dans ce cas aussi, on combine le karma des parents et de l'âme qui naît et meurt immédiatement. La naissance s'accompagne d'un grand éclat d'énergie que l'âme n'a pas travaillé pour le système hiérarchique dans une vie passée. Même une naissance et un décès suffisent à couvrir les dettes passées. Après tout, une personne a des responsabilités non seulement devant soi-même mais aussi devant ceux qui l'ont mis dans cette vie. Il est obligé de produire une énergie pour les Hautes Personnes qui sont dans le monde subtil et qui surveillent le genre humain.

Par conséquent, si les Supérieurs n'ont pas reçu un type d'énergie quelconque, Ils forceront la personne à rattraper ces dettes.

La vérité de la vie est sévère. Parfois, de telles vérités sont révélées que notre conscience en est choquée. Mais la cause de toutes les morts désagréables ou de courtes vies est toujours l'homme lui-même.

7. Soit prenons un autre exemple. **Si une personne mène une vie dissolue et rampante, elle utilise de manière incorrecte les moyens que les Supérieurs attribuent pour l'organisation de sa vie sur la Terre,** donc, par son comportement elle gagne des dettes énergétiques.

Mais une personne doit comprendre que lorsqu'elle réalise des bonnes actions, correspondant à la plus haute morale de la société, à son programme personnel et aux exigences des Supérieurs, elle produit par ses actions les types des énergies que le programme de sa vie prévoit. Si elle fait des choses méchantes, en commettant beaucoup de fautes, s'il adhère à un moral bas, elle produit par ses actions défectueuses des énergies défectueuses. Les énergies défectueuses, elles se précipitent dans une boue dans ses corps subtils et les Supérieurs n'en ont plus besoin.

L'énergie a été accordée par les Supérieurs pour sa vie et l'accomplissement de son programme personnel. Mais avec un mauvais comportement de l'individu il se trouve qu'il utilise cette énergie pour produire un défaut. Par conséquent, il a des dettes énergétiques: il est obligé dans la vie prochaine ou actuelle de déterminer ce qu'il est censé de faire, et produire exactement ces énergies pour lui-même et pour les Supérieurs, qui sont prévues par son programme. Et s'il ne rattrape pas ses dettes, il ne progressera pas dans son développement.

Afin que le rattrapage se passe rapidement, pour qu'il ne soit pas en retard dans son évolution, les Supérieurs doivent envoyer à cette âme des situations encore plus difficiles dans la vie. **Parfois, les dettes énergétiques sont si importantes qu'il est possible de les compenser**

uniquement par les vies très courtes, lorsqu'on donne à une personne la possibilité de vivre seulement quelques années ou même quelques mois au lieu de toute une vie.

Donc, quand un humain meurt dans la petite enfance ou à 5, 11 ans, c'est sont des âmes-débitrices. Elles rattrapent leurs dettes énergétiques passées. Les débiteurs ont vécu de courtes vies, c'est-à-dire, ils sont venus sur la Terre uniquement pour rattraper leurs dettes.

Grâce aux fonctions de leur vie, ils produisent pour les Supérieurs la quantité d'énergie qu'ils doivent à l'incarnation passée et aussi à cause de la non-réalisation de leur programme personnel. L'espérance de vie à 11 ou 16 ans ne parle que d'une chose: que cette personne a mal vécu car ses concepts de vie diffèrent de ceux des Hauts Maîtres.

La préparation à la mort sur le plan subtil

La mort d'une personne est planifiée par les Supérieurs bien avant sa naissance, c'est-à-dire lorsque les Supérieurs écrivent l'histoire de la vie, ils impliquent une situation dans le programme, et parfois plusieurs, qui l'amènent à la mort. Ce sont des événements préparatoires visant à limiter le programme et à faire compléter par une personne pour son développement sur ce stade, toute vie n'est rien d'autre qu'une étape de développement. À la fin du programme, on place une situation où la mort survient et le programme d'incarnation dans le monde physique se termine.

La mort s'inscrit dans le programme comme un événement tragique. On la prévoit en détail: c'est-à-dire comment cela se produira pour une personne et comment, techniquement, elle sera exécutée par les Suprêmes sur un plan subtil. Mais le plan subtil pour des personnes reste invisible.

Dans un événement de décès, tout est prévu dans les moindres détails: comment une personne va s'approcher à sa mort, quels événements l'entraîneront, qui causera sa mort et à travers quelle action finale sa vie sera coupée pour toujours. Quelqu'un va mourir d'une maladie, un autre sera tuée dans un combat ou une bagarre ivre, la troisième tombera dans un accident de voiture, la quatrième mourra d'une crise cardiaque et ainsi de suite. Tout cela a été décidé par les Hautes Personnes spéciales qui s'occupent de la formation des destins des gens.

Les circonstances mêmes commenceront à se former en conformité à ce qui est écrit d'en Haut, sauf en cas de volonté de la personne, l'impliqueront dans des actions qui la conduiront nécessairement au point final du programme.

Mais tout cela, c'est un côté extérieur de la mort. Il y a aussi le processus physiologique de la mort (qui est bien couvert par la médecine), et le côté technique d'une préparation de la personne à la mort, effectué sur le plan subtil.

Cela se produit comme suit: quelques minutes avant la mort, le canal de la sortie de l'âme s'ouvre au-dessus de la tête d'une personne. C'est le Maître céleste que nous appelons le Déterminant prépare les constructions subtiles de son disciple au départ de son âme. Les catastrophes, les accidents ne se produisent instantanément que pour nous, mais sur un plan subtil, jusqu'à ces moments, les travaux préliminaires des Substances sont déjà en cours. (Nous allons appeler des Substances des Hautes Personnes qui travaillent dans un monde subtil avec la Terre et le genre humain). Les Substances préparent selon le scénario les catastrophes et préparent les personnes à la mort.

Par exemple, certains clairvoyants voient une disparition de l'aura du mourant. Ainsi, ils perçoivent l'élimination par le Déterminant de certaines constructions subtiles de la personne qu'il accompagne. Ensuite des clairvoyants voient comment un pilier sombre apparaît au-dessus de la tête d'une personne. C'est un canal pour la sortie de l'âme.

Tout cela est fait par le Déterminant à l'aide d'un dispositif spécial du plan subtil par lequel il travaille avec une personne. Nous avons appelé cet appareil technique d'un ordinateur car sa structure ressemble à notre ordinateur terrestre mais les fonctions de l'ordinateur céleste sont plus étendues car elles relient le monde subtil au monde matériel. Il contient également toutes les données sur la personne dirigée dans sa vie par le Maître céleste, jusqu'à toutes les caractéristiques de son état physique.

Le Déterminant utilise l'ordinateur pour préparer une personne à la mort. Il gère tous les processus par son intermédiaire. Il contribue également au vol de l'âme, s'assure qu'elle ne soit pas coincée dans le corps matériel car des cas pareils ont eu lieu avec une expérience insuffisante du Déterminant ou certaines complications sur la Terre.

Lorsqu'un accident de voiture est organisé, plusieurs Déterminants des personnes qu'Ils accompagnent, et qui tombent dans cette catastrophe, et plusieurs Substances avec d'autres spécialités y participent dans un plan subtil. Ce sont les Substances qui font la collision d'une voiture à une autre et, d'habitude, Elles désactivent la conscience des conducteurs pendant un instant et font les voitures se heurter. Grâce à ce genre de gestion dans la mer déserte, les navires entrent en collision, ainsi que deux avions dans le vaste ciel, ce qui est impossible sans contrôle spécial d'en Haut. Les pilotes peuvent voler l'un à la rencontre de l'autre, et ils croiront être à une distance considérable l'un par rapport à l'autre. **L'hypnose, la suggestion** à un bon moment peuvent également être utilisés par les Déterminants.

Si une personne meurt dans une catastrophe, son âme sort rapidement du corps, sans problèmes, puisque le <u>fil de la vie</u> est déchiré. C'est aussi une sorte de canal subtil, espèce d'un fil par lequel l'énergie vitale vient du Déterminant dans corps physique. Comme le courant traverse le fil électrique, donc, selon ce soi-disant «fil de vie», la personne est alimentée en énergie vitale. Si ce fil se déchire, le corps périt.

Si une personne meurt sur un lit d'hôpital, la mort provient principalement du fait que le **Déterminant cesse de donner une énergie vitale à la personne.** C'est comme si on cessait de fournir de l'air dans ses poumons. Donc, tout cela se passe sur un plan subtil: <u>en Haut, les Supérieures préparent des constructions d'un humain et dirigent les situations, et les gens décèdent en dessous.</u>

Mais comme il n'y a pas de mort pour les Supérieurs car l'âme est éternelle et pour beaucoup de Déterminants ce sont des processus naturels et temporaires.

L'enlèvement des couches par une âme

Une âme ressemble à la fusée cosmique qui monte dans le ciel. D'abord, c'est son premier degré qui commence à s'y détacher, ensuite le deuxième, et ainsi de suite, jusqu'à ce que la fusée atteigne l'orbite nécessaire. De même, une âme s'élève. Mais si les degrés de la fusée lui communiquent une énergie supplémentaire, l'âme rejette les corps lourds qui l'empêchent de s'élever.

L'âme a ses propres mécanismes en action. Toute seule, la matrice de l'âme est très légère, donc, si elle n'avait pas des couches subtiles beaucoup plus lourdes qu'elle, elle sauterait instantanément des croûtes terrestres denses dans la couche qui lui correspondrait selon certains paramètres. Mais ses couches subtiles, remplies des énergies basses, permettent à une âme de rester pendant quelque temps dans les couches correspondantes au monde terrestre.

L'âme a trois couches temporaires: éthérée, astrale et mentale, que les âmes au niveau du développement bas enlèvent après chaque incarnation.

Chacune d'entre elles est prévue pour une gamme d'énergies concrète. Mais les corps énergétiques qui sont les plus proches du corps physique, sont plus lourds. L'âme, après la mort d'une personne, en premier, enlève la couche la plus lourde - éthérée. Cela survient le troisième jour après la mort.

Après l'avoir enlevée, l'âme monte plus haut vers les couches énergétiques qui correspondent à la couche astrale que l'âme enlève le 9ème jour.

La chute des couches éthérée et astrale se produit avant le Répartiteur, dans le canal-ascenseur, le Répartiteur est une construction qui rassemble toutes les âmes après la mort pour le Jugement.

Après la couche astrale, l'âme enlève celle mentale mais cela se produit déjà dans le Répartiteur le 40e jour après le Jugement sur l'âme.

Il convient de noter qu'elle n'est enlevée qu'après le Jugement car elle doit analyser sa vie et tirer des conclusions pendant le Jugement.

Avec les couches temporaires, l'âme libère les énergies faibles qu'elle a accumulées suite aux erreurs et aux péchés.

Le Niveau du développement d'une personne, son mode de vie influence forcément l'ascension d'une âme après sa mort.

Les âmes basses qui n'avaient pas rempli leurs couches des énergies sublimes ne peuvent pas s'élever de la Terre. Elles enlèvent leurs corps énergétiques temporaires près de la Terre même, en salissant ses couches subtiles, et restent pendant un certain temps parmi les gens. Elles peuvent venir à des séances spiritualistes ou visiter leurs proches.

Afin de ne pas les laisser sur Terre, les Substances spéciales (nous les appelons des anges de la mort) doivent descendre et les faire élever au Répartiteur. D'autres Substances doivent collecter des couches vides et les transporter en endroits spéciaux où elles sont démantelées en pièces. Dans le Cosmos, rien n'est perdu et tout est mis dans un nouveau recyclage.

Les âmes moyennes selon leur développement, gagnent suffisamment d'énergie en cours de développement, donc elles arrivent elles-mêmes dans les canaux-collecteurs (les gens les appellent des tunnels, des corridors). Ces canaux sont techniquement aménagés de sorte qu'ils portent automatiquement une âme dans un endroit nécessaire. Chaque âme vole dans le canal à son temps et en même temps elle enlève pendant le vol des corps énergétiques temporaires d'où ils sont retirés automatiquement, en entrant dans les lieux de leur collection.

L'âme ne sent pas comment elle enlève les couches, c'est un processus indolore.

Les âmes très évoluées peuvent voler à une vitesse énorme. Leur temps d'ascension en Haut est le plus court.

Il faut donc dire que chaque âme a son propre processus d'ascension à ses Juges et cela prend du temps. Les unes volent toutes seules, les autres ont besoin d'aide; les unes volent vite, les autres lentement. Tout cela impose le Niveau du développement de l'âme et les énergies qu'elle avait accumulées.

La prolongation de la vie

Voyons **s'il est possible de prolonger la vie d'une personne**.
A) **Les moyens de combattre la mort de l'extérieur.**
La mort est donnée à l'homme non seulement pour interrompre sa prochaine incarnation sur la Terre et pour corriger son développement mais aussi **pour lui apprendre à lutter contre elle**. Dans la lutte contre la mort l'homme a développé tels domaines de la connaissance et de l'assistance que la médecine; les organes d'application de la loi – la police – sont destinés à protéger sa vie. Récemment, le ministère des situations d'urgence a reçu un développement spécial. Tous sont appelés à sauver un humain, c'est-à-dire se battre avec la mort.

Ces organisations prouvent parfaitement que l'homme peut être sauvé de la mort et prolonger sa vie par ses efforts et sa diligence.

L'homme se retrouve souvent dans des situations critiques: l'un est gravement malade et est sauvé par un médecin; l'autre est attaqué par des cambrioleurs et sauvé de la mort par la police; le troisième tombe dans une catastrophe et est secouru par le ministère des situations d'urgence. Tout cela est des moyens de salut différents. S'il n'y avait pas ces organisations, que de personnes mourraient! Donc, un humain a appris à lutter contre la mort partiellement, mais il doit encore maîtriser de nouvelles méthodes de lutte.

Quelles sont-elles **les méthodes de la lutte contre la mort de l'extérieur** :

B) Il existe encore **des moyens de combattre la mort par la personne elle-même de l'intérieur.**

1) La vie peut être prolongée par la **manifestation de sa propre volonté.** Une personne ne doit jamais se réconcilier avec sa mort, il doit s'y battre jusqu'à la fin. **Si on lui donne une minute de vie, elle lui est donnée pour se battre avec la mort.**

Comment un humain peut prolonger sa vie?

2) Les Supérieurs ne tolèrent pas l'existence inutile, la paresse et le parasitisme. Par conséquent, l'homme <u>doit leur prouver constamment qu'il ne vit pas en vain</u> et chaque jour il est capable d'apprendre de nouvelles choses et de progresser.

3) Pour qu'un jeune homme ne quitte pas la vie tôt, il <u>doit se fixer les objectifs du développement</u>. Pour atteindre un but, il est nécessaire de fixer le suivant. Ainsi, l'individu prouve qu'il est capable de <u>progresser constamment</u>, et les énergies attribuées à sa vie par les Supérieurs ne sont pas gaspillées.

Mentalement, cette personne doit convaincre les Hauts Maîtres qu'il n'a pas le droit de mourir jusqu'à ce qu'il atteigne l'objectif fixé ou termine un certain travail.

Si, par exemple, le patient est mort et commence mentalement à convaincre son Maître qu'il doit finir son travail: le livre, les études, amener l'entreprise à un certain niveau d'état, etc., alors le Maître céleste peut prolonger son existence.

Même si les signes indiquant à la personne que sa mort est proche, lui ont récemment, très souvent montré, elle a le droit de résister intérieurement et de prouver à son Maître qu'il lui faut encore quelques années pour terminer ses activités.

4) Il est aussi très important de **devenir nécessaire pour le Cosmos** ici sur la Terre. Si une personne travaille constamment pour les Hauts Systèmes Cosmiques, en y voyant le seul sens de sa vie, elle obtient la protection d'en Haut et <u>va vivre autant qu'elle le juge nécessaire.</u>

5) La **vie** peut être prolongée pour **le bien de quelqu'un**: un enfant malade, un mari ou une femme qui, pour une raison quelconque, sont devenus handicapés. Si cette personne dit mentalement à son Maître céleste: «Je ne peux pas mourir parce que mes proches ne

vivront pas sans moi», et est sincère dans ses pensées, on lui prolonge sa vie. Cette pétition encourage le développement chez l'homme d'une qualité aussi élevée que de s'occuper d'un autre, et pour cela les Supérieurs assument les dépenses de l'énergie pour prolonger l'existence à celui qui en demande. Alors, il faut toujours et partout lutter contre la mort.

Les âmes des proches, rencontrent-elles ceux qui viennent de mourir?

Les personnes qui ont été en situation de décès clinique pendant une longue période déclarent que dans un autre monde les âmes de parents qui avaient décédé avant, les ont rencontrées. La même chose raconte les âmes qui sont venues à la session spiritualiste. Leurs proches les ont rencontrés.

Pourquoi on a inventé cette tradition? Le fait est qu'au moment de la mort dans la transition vers un autre monde, de nombreuses âmes éprouvent un grand stress, elles sont perdues et ne comprennent pas ce qui leur est arrivé. Après tout, les connaissances sur la mort ont été cachées à un humain pour des raisons différentes.

Pour éteindre le choc d'une personne après la mort, les Supérieurs ont eu l'idée que les âmes doivent rencontrer leurs proches ou leurs amis qui étaient morts auparavant dans le nouveau monde. Avec des exclamations joyeuses de salut et des mots de consolation, ils soulagent les souffrances du nouveau venu et l'aident à s'adapter dans un nouvel environnement, et à l'accepter tel que.

Cependant, ce ne sont pas les proches mais leurs hologrammes qui rencontrent le nouveau défunt. Les Supérieurs ont inventé des dispositifs spéciaux qui reproduisent les hologrammes des personnes qui sont déjà passées dans un autre monde. Ces hologrammes matériels sont si précis que l'âme nouvellement arrivée est incapable de comprendre que ce ne sont pas ses vrais proches, elles prennent tout pour une réalité.

Ces installations sont situées à proximité des tunnels à travers lesquels les âmes volent, et les hologrammes des parents sont préparés à l'avance car les Substances qui suivent ces processus, savent qui va mourir, quand et qui de ses parents ou amis sont déjà entrés dans le monde subtil. Après la rencontre, les hologrammes sont immédiatement supprimés.

Mais pourquoi les morts et les vraies âmes ne se rencontrent pas, si elles sont dans le même monde?

Toutes les âmes après un certain travail avec elles dans le Répartiteur vont au Conservatoire des âmes et là-bas, elles continuent de se perfectionner dans certaines qualités, d'autres sont envoyées à la Terre dans une nouvelle incarnation. Les unes et les autres sont occupés, et personne ne les dérangera spécialement dans leur existence pour un tel rendez-vous.

Par ailleurs, si l'âme est décédée il y a longtemps, elle oublie rapidement sa vie terrestre (cela fait exprès car ces souvenirs empêchent l'âme de s'installer dans le nouveau monde). Comme une personne ne se souvient pas de ce qui lui est arrivé avant la naissance dans le monde subtil, l'âme ici ne se souvient pas de ce qui lui est arrivé dans le monde physique. La mémoire est bloquée spécialement afin que les souvenirs d'un monde n'empêchent pas une âme à se développer dans un autre monde. Par conséquent, les hologrammes remplacent parfaitement ces âmes.

Mais les proches peuvent ne pas rencontrer des âmes suffisamment matures, elles sont rencontrées par les Anges et d'autres Hautes Personnes du monde subtil qui travaillent avec la Terre.

Comment les prières affectent l'ascension de l'âme

Auparavant, lorsqu'une personne était en train de mourir, les cérémonies religieuses comprenaient la repentance d'une personne avant sa mort et le service funéraire après son départ dans un autre monde. À cet égard, la question se pose: pourquoi faisait-on tout cela? Ou était-ce un hommage au défunt, ou ces rituels cachent-ils quelque chose, quelques mécanismes d'influence sur les âmes?

L'homme mène une vie vaine, il est très émotif et les émotions brûlent son énergie, et la vie désordonnée ne contribue pas à l'accumulation des énergies subtiles dans son âme; alors, lorsque le jour de la mort arrive, le mourant accumule peu d'énergie à haute fréquence qui permet à son âme, après la sortie du corps, de passer du plan terrestre bas à des sphères supérieures.

En anticipant qu'une personne dans les premiers stades de développement gagnera une petite quantité d'énergie de haute qualité, les Supérieurs, pour aider l'âme à se développer, ont introduit des rites spéciaux. En particulier, le mourant a dû se repentir avant de partir pour un autre monde, et une fois que la personne était morte, un service funèbre devait avoir lieu.

La repentance est la purification d'une personne des énergies basses, soi-disant «sales». Pendant sa vie, chacun fait beaucoup de choses, et l'énergie basse entre dans les structures subtiles. Cela, comme une lourde ancre, ne permet pas à une âme de s'élever en Haut. Les énergies basses sont un spectre des énergies lourdes, elles retiennent l'âme dans les couches les plus basses de la Terre. Les constructions subtiles de l'homme sont organisées de telle sorte que la repentance, en tant que reconnaissance de ses erreurs et de ses péchés, nettoie les énergies basses de la couche astrale. Ainsi, le pénitent se purifie.

Cependant, après sa mort, son âme sort du corps, mais elle ne peut pas s'élever vers le haut, vers les canaux du Répartiteur, en raison de son manque de spiritualité, c'est-à-dire de l'absence d'énergies de haute qualité, elle a très peu d'énergies d'une grande variété de vibrations. Pour que l'âme se lève toute seule aux hauteurs nécessaires, il y a une tradition de faire un service funèbre. Brûler des bougies, prier, appeler le prêtre, cela permet à une âme d'acquérir les énergies de départ et d'atteindre le canal du Répartiteur.

Les prières du prêtre et des personnes en deuil aident l'âme à monter en Haut où les Juges l'attendent. Mais les prières sont strictement définies. Elles sont spécialement conçues pour produire l'effet désiré.

Mais pour une personne hautement spirituelle, le service funéraire n'est pas nécessaire. Son âme a une quantité suffisante des énergies, qui lui permettent de monter sans complications.

D'où l'âme prend-elle de nouvelles couches?

Une âme dispose des couches constantes et temporaires. Les couches constantes sont données immédiatement après la création de la matrice primaire. La matrice initiale n'a que deux couches constantes. Mais quand elle est envoyée spécifiquement dans quelque monde, elle reçoit une couche supplémentaire pour une utilisation à long terme. Chez l'homme, c'est le corps causal, il représente une connexion qui relie le monde subtil au physique. Par conséquent, il est construit pour tout le temps de ses réincarnations dans notre monde.

Si une âme cosmique est envoyée sur la Terre, alors la couche causale lui est donnée pour une seule incarnation. Autrement dit, chez différents types d'âmes cela se passe de façon différente.

Les couches, ou les corps énergétiques, ne sont pas construits de manière autonome, comme la matrice peut le faire en construisant indépendamment ses cellules. Ils sont créés par des systèmes cosmiques spéciaux. Pour les différents mondes, les couches sont créées pour correspondre à la matière du monde et aux tâches que l'âme jouera dans ce monde.

Toute couche représente une construction complexe, c'est pourquoi elle ne peut pas se produire spontanément: d'abord, elle doit être conçue, compte tenu de toutes les fonctions ensuite il est possible de la construire.

Si l'âme est jeune, elle a besoin d'une couche faible, conçue pour un faible potentiel spirituel. Mais si cette âme est sublime alors elle dispose d'un Niveau énergétique élevé, donc, les couches subtiles doivent être conçues pour un potentiel élevé.

Si une âme puissante est "habillée" en une couche avec un petit potentiel, alors cette couche va exploser tout simplement. Donc, tout doit correspondre à certaines valeurs et être calculé à l'avance. Par conséquent, lorsque l'âme descend dans le monde terrestre, « on l'habille » de tous les corps énergétiques nécessaires, comme un scaphandre sur un plongeur. Après l'introduction de l'âme dans le corps matériel, les couches subtiles de l'enfant sont immédiatement impliquées au travail. Donc, un enfant naît avec un ensemble complet de couches.

La croissance évolutive de l'âme s'accompagne d'une augmentation du nombre de couches. Ceci est lié avec sa maîtrise d'une nouvelle gamme d'énergies qui correspondront à une augmentation du Niveau de son développement.

Si la mort est incluse dans le programme de l'homme comme un événement, alors la vie entière de l'homme est construite d'une multitude de situations, et elles sont toutes différentes.

Les trois événements principaux sont: la naissance, le mariage et la mort. Mais le mariage n'est pas destiné à tout le monde.

Il s'avère que, dans beaucoup de situations, il n'y a que deux à travers lesquelles chaque personne passe – c'est la naissance et la mort. Tout le reste change. Mais la naissance et la mort sont des situations que personne n'a réussi à contourner. Ce fait suggère que la mort est un événement important et tragique dans la vie de l'homme.

Pour lui, il a une grande importance éducative.

Tout un rite de la mort vise à influencer psychologiquement les autres, en évoquant leurs meilleurs sentiments: l'amour pour les défunts et le chagrin, la pitié, la compassion. La mort doit apprendre à un humain à protéger soi-même et les autres, à la combattre, ainsi que les circonstances qui la causent.

La peur de la mort donne une grande incitation à la vie. Ce sont des moments éducatifs que porte le décès de l'homme. C'est pourquoi, lorsque la mort s'inscrit au programme de la vie d'une personne comme un dernier point, comme une situation dramatique, tous ceux qui seront associés à sa mort sont également prévus. Cela peut impliquer un grand nombre de personnes: les médecins, si une personne meurt à l'hôpital, ses proches et ses collègues. Un certain nombre de personnes sont introduites, et tout le monde doit recevoir un moment éducatif spécifique de la scène des funérailles de cette personne.

Ainsi, la mort est un événement nécessaire non seulement pour les personnes agonisantes, mais aussi pour des centaines d'autres personnes. Il est nécessairement détaillé dans le programme de chaque participant de cet événement. Dans cet événement tragique, des centaines de programmes d'autres personnes sont entrelacées, et chacun d'eux doit faire une certaine conclusion pour soi-même.

Où l'âme d'un humain se dirige après le départ du corps

Comme je l'ai déjà mentionné, d'abord, une âme tombe dans un canal par lequel elle monte vers un dispositif technique spécifique que nous appelons Répartiteur. C'est une structure énorme, située dans le plan subtil de la Terre. Elle rassemble des âmes et travaille avec elles.

Le Répartiteur est situé dans un endroit spécifique de l'espace circumterrestre, et les tunnels qui collectent des âmes le rejoignent. Les tunnels sont situés autour de la Terre, là, où habitent les gens. Le fait que ces tunnels ou corridors existent est confirmé par plusieurs individus qui ont été en situation de décès clinique. Mais comme les gens ont des Niveaux du développement différents, ils voient ce dispositif chacun à sa manière, tout le monde a ses propres impressions.

Lorsque l'âme arrive au Répartiteur, elle est placée dans la salle d'attente. Mais avant le procès, elle est autorisée de descendre selon son désir sur la Terre, dans leurs lieux d'origine. Cependant, tout ne se fait qu'avec l'autorisation des Supérieurs.

Lorsque l'âme se déplace dans le tunnel, elle est dirigée dans le bon endroit par un dispositif automatique spécial, et la Substance vivante le dirige.

Dans le Répartiteur, il y a beaucoup de Personnes du plan subtil qui travaillent avec les âmes des gens. Ils les reçoivent, les traitent, les placent dans de bons locaux.

Trois races vivent maintenant sur Terre: une blanche, une noire et une jaune. Elles sont toutes construites énergiquement sur les énergies de différentes gammes, et donc, après la mort, elles tombent dans des Répartiteurs différents.

Toute technique circumterrestre du plan subtil fonctionne avec les types d'énergie terrestres et est prévue pour leurs certaines fréquences. Par conséquent, par exemple, l'âme d'un représentant de la race jaune ne peut pas entrer dans le Répartiteur travaillant avec les énergies des représentants de la race blanche. C'est l'incompatibilité technique et physique habituelle.

Chaque Répartiteur est construit sur sa propre gamme d'énergies. Les gens de différentes religions, mais de même race vont dans le même Répartiteur parce qu'on n'a qu'un seul Dieu, peu importe comment il est appelé dans différentes langues.

Le Répartiteur dans la sixième race

Pour les âmes de la nouvelle sixième race, le Répartiteur ne restera pas sous sa forme originale, il sera reconstruit progressivement et par étapes.

Des représentants d'une nouvelle race sont déjà apparus sur la Terre. Pour l'instant, ce sont des enfants. Mais pour eux, un nouveau Répartiteur a déjà été créé. Bien qu'il soit temporaire, prévu pour une période de transition, on va créer le permanent pour la suite. Comme les gens de la sixième race sont très énergétiques et ils ont une plus grande gamme d'énergies dans leurs couches subtiles et dans leur âme, alors tout sera changé dans le Répartiteur, dans sa structure. Un aimant qui attire les âmes dans le canal sera réaménagé à de nouvelles fréquences de l'énergie de l'âme.

Puisque les gens de la sixième race auront d'autres programmes, un autre karma, etc., le mécanisme de travail à l'intérieur du Répartiteur changera aussi.

Le Jugement Dernier

L'homme avait toujours peur du Jugement Dernier. Autrefois, il en était menacé pour sa vie dissolue. Les gens modernes ont grandi principalement des matérialistes et ont oublié pour une certaine période de son existence. Nous avons toujours cru que c'étaient des légendes, les contes de grand-mère dont le but est d'intimider et de nous comporter correctement par peur.

Mais quand nous avons commencé nos contacts avec Dieu, alors, de façon inattendue, ce que nous considérions d'une légende s'est révélée être la réalité. Maintenant, nous savons avec certitude qu'il y a une vie après la mort et le Jugement Dernier.

Il a lieu habituellement le quarantième jour après la mort. Mais maintenant, à cause de l'achèvement du développement de notre race, beaucoup d'âmes quittent la Terre. Dans les tremblements de terre, les tsunamis, les gens meurent à la fois par dizaines et par centaines de milliers. Les Répartiteurs ne respectent pas le délai avec tant d'âmes. Pour cette raison, le délai d'attente du Jugement est augmenté de deux mois, soit deux mois et demi.

Pour le Jugement, le «film de vie personnel» joue un rôle majeur. C'est un dispositif spécial qui enregistre tout ce qui se passe dans sa vie, en détail. Il est fait d'une matière subtile indestructible, donc ce film reste le même après une explosion atomique. Une personne ne peut rien y effacer, couper, cacher. Par conséquent, tous les détails de sa vie restent fixés, même s'il commet un crime dans l'obscurité, il ne pourra pas le cacher, même car le film fixe les actions physiques et la matière dans une autre gamme de fréquences, pas accessible aux humains.

Le Jugement se fait de manière suivante. Les Hautes Substances spéciales regardent le «film de vie» d'une personne sous forme holographique. Un appareil de matière subtil spécial, comme une caméra de film, dévoile des événements de sa vie dans la bonne séquence. C'est pourquoi de nombreuses personnes qui ont été dans un état de mort clinique disent: «J'ai vu toute ma vie, elle a éclaté devant mes yeux comme les cadres du film, mais dans l'ordre inverse».

Par conséquent, **au moment du décès, il y a un réenregistrement de l'information sur la vie d'une personne de ses couches temporaires aux couches permanentes où le «film de vie» doit prendre sa position initiale,** c'est-à-dire revenir au moment de la naissance. Dans la vie même, les événements vont de la naissance à la mort. Ils se reflètent dans un «film». Mais après, lors du Jugement, ce «film» sera étudié par les Juges à partir du moment de la naissance de la personne. Tout se fait automatiquement, à l'insu de la personne.

Lorsque les Juges regardent le «film», il est arrêté sur des cadres où un humain a mal agi pour lui montrer ses erreurs, et un humain ressent une honte énorme et une maladresse devant les Suprêmes. Mais les Juges indiquent également les situations dans lesquelles il a agi correctement. Ainsi, les aspects positifs et négatifs de sa vie sont analysés en détail.

Après le Jugement, l'âme se dirige vers les lieux réservés pour un certain travail pour elle.

Mais le Jugement le plus sévère se produit à la fin du prochain cycle du développement, c'est-à-dire dans une période de l'apocalypse soi-disant. C'est le moment des examens pour les âmes. Au cours de cette période, les Hauts Maîtres sont particulièrement sévères dans leur évaluation des âmes. Tout ce qui ne répond pas à leurs exigences est considéré comme un défaut. Quand un certain pourcentage du défaut est atteint, l'âme est détruite, c'est-à-dire est dérivé de l'évolution.

Le purgatoire

L'âme d'une personne dans le cours de sa vie recueille habituellement de l'énergie sale dans ses couches subtiles. Mais l'âme en est libérée en enlevant des couches temporaires après sa mort, et certaines énergies basses indésirables continuent de pénétrer dans les couches permanentes, il faut donc les nettoyer avec des méthodes spéciales.

Le purgatoire représente une construction spéciale d'un plan subtil, invisible, seulement pour un humain. Pour ces Essences qui vivent dans ce monde, c'est une construction aussi réelle que la Tour Eiffel réelle et visible pour nous laquelle est une structure technique. Le purgatoire est construit sur la performance d'une série d'opérations liées avec les âmes, en recueillant leurs énergies négatives et en manipulant d'autres types d'énergies.

L'âme arrive au Purgatoire juste après le Jugement. D'habitude, on purifie tout le monde, puisque pendant sa vie, malgré lui un humain, dans son corps, prend des énergies dites «sales». S'il ne fait pas quelque chose de bas et d'indigne, il voit comment font les autres, en regardant des émissions de télévision, des films, en lisant des livres, des magazines. Si tout ce qu'on avait vu et lu ne répond pas aux exigences de la morale, alors la saleté s'installe dans les âmes. Donc elles ont besoin d'être nettoyées.

La purification de l'âme des énergies inutiles et négatives s'effectue par des appareils spéciaux, c'est comme s'ils « grattent » la saleté de l'âme. Ce processus est très désagréable, pénible. Plus l'âme avait acquis pendant sa vie des énergies basses, plus longtemps elle sera nettoyée, c'est-à-dire que le processus désagréable durera longtemps. Mais après le nettoyage, l'âme se sent légère. Il faut dire que chaque âme est purifiée individuellement.

Si l'âme avait accumulé beaucoup de ces énergies, alors, pour les détacher de ses constructions subtiles, il faut appliquer une force immense. Et elle le perçoit très douloureusement. Les énergies sont, pour ainsi dire, arrachées de la couche comme si quand on déchire les croissances du corps vivant sans anesthésie.

L'âme perçoit cette opération comme des tortures de l'enfer. Mais tout cela, c'est de sa faute. Si elle avait vécu juste, cela ne se serait pas produit.

Dans le Purgatoire, il existe également un travail spécial avec des âmes sous forme de suggestion, ceci est pour celles qui n'ont pas péché particulièrement. Les suggestions sont menées à travers les situations qu'une personne avait mal vécues. Son âme revit ces moments, et par l'expérience et la repentance, sa purification a lieu. Les âmes sublimes gagnent peu de ces énergies négatives, c'est pourquoi elles ne souffrent pas lors de leur purification.

Le degré de nettoyage de l'âme est contrôlé par des machines spéciales. A la fin du processus, l'appareil s'éteint.

Tous les processus dans le purgatoire sont contrôlés par des Personnes raisonnables du Système négatif. Comme ce sont toutes les actions désagréables, les Personnes positives ne s'en occupent pas.

Mais certaines âmes n'atteignent même pas la purification. Ils sont sujets au décodage, c'est-à-dire à l'anéantissement en tant que Personne. Mais tout cela est décidé pendant le Jugement.

Est-ce que les âmes mêmes sont détruites et pourquoi ?

Ce ne sont pas toutes les âmes qui se transforment pendant l'évolution, c'est-à-dire en développement éternel. La raison en est des constructions incorrectes dans la matrice qui proviennent des mauvaises actions d'une personne. Pourquoi, en fait, il lui est interdit de faire quelque chose? Toutes ces interdictions visent à s'assurer qu'une personne ne réalise pas de mauvaises constructions dans les cellules de sa matrice. Après tout, chacune de ses actions, pensées, sentiments produisent certains types des énergies qui entrent dans les constructions subtiles de la couche, ensuite dans la matrice.

Sur la base des énergies reçues, le mécanisme posé par Dieu dans la construction de la matrice, construit des qualités dans ses cellules. La personne agit correctement, et les cellules qui sont utiles à Dieu sont construites, quand elle fait de mauvaises actions, sa matrice est construite en qualités qui ne plaisent pas au Dieu. Ces âmes sont considérées comme défectueuses si elles gagnent un certain pourcentage d'énergies de mauvaise qualité.

Les âmes qui ne veulent pas se développer correctement, cèdent à toutes les tentations, sont détruites aux stades initiaux du développement en tant que défaut. On les détruit après 10 incarnations. Le plus souvent, ce sont les âmes des toxicomanes, des alcooliques, des assassins cruels. Cela se fait afin d'identifier immédiatement des âmes incapables de progresser et de ne pas dépenser de l'énergie sur elles pour rien. Le fait est **que chaque vie coûte trop cher aux Hautes, ainsi que chaque enfant pour ses parents.** Ils dépensent beaucoup de moyens à la vie d'un humain, ce que doit être remboursé sinon il n'y aura pas de progrès.

Pour cette raison, les Supérieurs tentent d'identifier le défaut le plus tôt possible, pour que leurs dépenses ne deviennent pas déficitaires pour eux.

Il est autorisé 10% de défaut du nombre total d'âmes qui se développent actuellement sur la Terre, prendrons en compte qu'il y a maintenant 7 milliards d'habitants sur la planète, donc 700 millions d'âmes peuvent être décodées pour le mode de vie irrégulier. En y ajoutant des âmes dans le Conservatoire, le nombre des défauts s'augmentera. Cela va comprendre de nombreux alcooliques, toxicomanes, si l'on ne les arrête pas à temps, des assassins cruels, des pervers et d'autres.

Qu'est-ce qui, par exemple, arrive à une âme d'un toxicomane ou alcoolique quand ils se droguent ou boivent de la vodka? Comment les substances physiques qu'ils utilisent affectent leurs structures subtiles?

L'alcool, les drogues sont des substances qui transportent

de puissantes énergies destructrices. Dans le corps humain, ils entrent dans des réactions chimiques qui libèrent cette énergie, et elle commence à détruire les qualités d'une personne dans les cellules de la matrice. Plus une personne boit ou se drogue, plus ses cellules sont détruites, ce qui signifie que ses qualités acquises du caractère ou certains talents et capacités sont détruits. La personne change de façon qualitative pour le pire.

Ceci est dû à la destruction des qualités dans les cellules de la matrice. Une personne devient faible, primitive car elle subit une dégradation accélérée.

Tout ce qu'elle avait acquis pendant les années de la vie normale, peut être détruit en peu de temps.

Les processus de destruction ont un effet plus rapide que les processus créatifs. Par conséquent, une personne dégrade rapidement jusqu'à un état animal. Tout est détruit et il est inutile de lui dire: "Rappelle-toi comment tu étais auparavant, que de choses utiles tu pouvais faire". Sa mémoire est détruite aussi! Une personne ne peut pas se souvenir de ce qui n'est plus dans les cellules de sa matrice.

Bien sûr, les Supérieurs n'ont pas besoin de ces individus. C'est un défaut, et ils seront décodés. Pour éviter un défaut, la société doit lutter vigoureusement pour ces personnes aux premiers stades de leur dégradation. Cela peut sauver leurs âmes.

Qu'est-ce que représente le processus du décodage

Le décodage est la division de la structure de l'âme en ses composants, on la décompose en atomes. Les cellules de la matrice sont libérées complètement de ces énergies que la personne dégradante avait acquises pendant ses incarnations.

Mais avant de se mettre au nettoyage, il faut d'abord libérer la matrice des couches permanentes, et elles sont déjà réunies par des processus vivants avec la matrice même, comme le foie est relié au corps physique par le système nerveux, sanguin et lymphatique et par un nombre d'autres processus. Tout d'abord, les corps d'énergie permanents sont démontés en composants, et après, c'est la matrice même qui est soumise au démontage.

Mais la matrice est une construction éternelle et indestructible. Ainsi Dieu l'a créée, c'est pourquoi **l'ossature de la structure reste, mais ce que l'individu a accumulé dans les cellules, tout est nettoyé.**

Toutes les cellules deviennent propres. Et comme les cellules forment les qualités de l'individu, après l'élimination de ces qualités, la personne disparaît. Le «moi» d'un humain est perdu pour toujours, il meurt vraiment, disparaît de l'évolution pour toujours.

Après ce nettoyage, la matrice est restée vide et est de nouveau mise en circulation de la vie. Ainsi, une personne complètement différente sera construite.

L'âme au démontage connaît de forts tourments mais ils lui sont donnés comme un châtiment pour un mode de vie injuste.

Mais beaucoup sont intéressés dans quel temps les âmes sont décodées?

Les 10 incarnations sont les vies d'essai, selon lesquelles le penchant de l'âme au développement est déterminé. Si une personne, pendant toutes les 10 vies, a mené une vie dissolue ou, pire encore, volait, tuait, alors cette âme peut être décodée.

D'habitude une âme passe un certain stade de développement et ce peut être un cycle assez long. Après chaque stade, il y a des contrôles: où cette âme a réussi, où elle est en retard. Après ces stades, les âmes peuvent aussi être décodées pour certains péchés.

Mais la plupart des âmes sont détruites pendant la période de transition, avec un changement de races. D'habitude, les personnes les plus capables et les plus progressives passent dans les nouvelles races.

Si nous parlons d'une nouvelle 6ème race, ses âmes seront détruites au stade initial du développement, et après cela ne sera plus nécessaire. Toutes les âmes vont évoluer, car ce sera une race très organisée. Elle saura se développer correctement et avec dignité.

Où les âmes vont après le Jugement

Après que les âmes ont passé le Jugement et le Purgatoire, elles sont envoyées vers les lieux de leur résidence commune. Il y a un Conservatoire des âmes où elles se trouvent jusqu'à leur prochaine incarnation.

La répartition des âmes dans le Conservatoire s'effectue selon les types des énergies qu'elles avaient acquises pendant leur vie. Le tri d'âmes se produit automatiquement selon le potentiel énergétique de la matrice. Plus d'énergie est accumulé par une âme, plus grand est son potentiel énergétique, et plus haut elle est située dans le Conservatoire.

Si cette âme s'est dégradée pendant cette vie, avait perdu

certaines de ses énergies, son potentiel diminue et elle est automatiquement transférée dans les rangs inférieurs du Conservatoire.

Le Conservatoire a une structure par niveaux, et ici toutes les âmes, à en parler au sens figuré, sont disposées sur les étagères. Mais en réalité, c'est un dispositif technique complexe avec un certain nombre de fonctions automatiques. Chaque âme y est dans un certain monde d'hologramme. Ici, elle continue son développement dans le monde subtil en acquérant souvent d'autres qualités, différentes des qualités acquises dans le monde physique.

Les âmes dans le conservatoire ne peuvent communiquer qu'avec leurs pairs du Niveau. La communication avec les supérieurs et les subordonnés est interdite. Chacun se concentre ici sur la perfection personnelle ou l'élaboration de certaines qualités.

De jeunes âmes peu développées s'endorment et ne font rien dans le monde subtil. Mais chaque âme développée réside dans le Conservatoire dans son monde et continue de se développer. Pour cela, elle reçoit un programme. L'âme continue à se perfectionner après la mort. Donc, dans le paradis, comme un humain l'imagine d'habitude, on ne peut ne rien faire.

Sur la Terre, une personne est liée par le programme avec ses égaux selon le Niveau et acquiert des **mêmes** connaissances. Dans le monde subtil, il apprend d'**autres** choses. Sans corps physique, l'âme se développe plus rapidement.

Dans le monde subtil, elle découvre les connaissances qui sont inaccessibles pour son compréhension sur la Terre, car dans le monde matériel beaucoup de connaissances sont très déformées et donc incorrectes. Malgré cela, la connaissance du monde physique est nécessaire pour que l'homme établisse des énergies brutes fondamentales sur la base de la matrice. Par conséquent, l'âme doit périodiquement descendre dans ce monde matériel, uniquement pour poser ces bases.

Les âmes dans une période de changement des races

Maintenant, des transformations globales ont lieu sur Terre. La planète est en réaménagement, et notre cinquième race finit son existence.

Compte tenu de cela, les Supérieurs planifient de laisser les deux tiers d'âmes de la population totale de la planète dans le plan subtil. Sur la Terre, seul un tiers d'âmes sera incarné de leur nombre total. La population de la planète diminuera considérablement. Les gens ne vivront que sur un seul continent.

Mais la question se pose: qu'arrivera-t-il à ces deux tiers (2/3) d'âmes qui resteront dans le plan subtil?

Il s'avère que 10% des âmes seront décodées pour ne pas se développer, pour leurs péchés. Une partie d'âmes se déplacera dans les Mondes supérieurs car elles ont terminé leur stade du développement sur la Terre. Certains seront dirigés vers d'autres mondes physiques pour affiner leurs certaines qualités. Il y aura aussi celles qui seront envoyées dans des mondes parallèles. Les âmes superflues ne resteront pas dans l'espace circumterrestre.

Sur la Terre, le tourbillon des âmes s'accélérera: elles vont naître plus souvent et mourir plus souvent. Mais cela accélérera également le remplissage de leurs matrices et accélérera leur perfection.

Les âmes des animaux après la mort

Les âmes des animaux ont leur propre répartiteur. Il est techniquement construit en fonction de leur gamme d'énergies. Après la mort, leurs âmes s'envolent dans ce répartiteur. Contrairement aux gens, ils n'ont pas le Jugement et le Purgatoire, donc ils sont repartis selon leurs qualités. Ils ont aussi leur propre conservatoire d'âmes, construit hiérarchiquement, selon la gamme de leurs énergies. Mais les âmes des prédateurs sont séparées des âmes des herbivores.

Contrairement aux âmes des gens, les âmes des animaux dans le monde subtil ne continuent pas à se développer mais s'endorment. En outre, elles ne sont pas soumises au décodage car elles sont soumises à d'autres exigences qu'un humain.

Sommaire

Chapitre 1

Un regard ésotérique sur la santé d'un humain............................7
Les raisons de la présence des maladies chez un humain...............11
L'astrologie et la santé humaine...16
L'influence du karma sur la santé..19
La disposition des organes dans le corps...................................23
Des exercices respiratoires..25
Le traitement par les médiums...27
Pourquoi on a besoin des microbes.......................................30
Sur la fatigue...36
Les particularités alimentaires de nos jours..............................38
L'impact de l'alcool et des drogues sur un humain......................42
Les maladies héréditaires...44
L'énergie des plantes..47
La protection à l'aide des plantes..50
Le traitement avec les codes..51
Le traitement par l'autosuggestion...53
Le traitement avec la musique..54

Chapitre 2

Sur le rôle des souffrances dans la vie d'un humain.....................57
Comment interpréter sous un aspect nouveau les souffrances d'un humain..64
Les souffrances des défauts du corps......................................66
Comment le péché d'un humain influence l'avenir......................68
Si les souffrances seront sauvegardées dans l'avenir....................71
Si les souffrances sont propres aux mondes de Dieu....................73

Chapitre 3

Le rôle de la mort dans l'évolution de l'homme..........................75
Les particularités de la mort d'un humain.................................81
La préparation à la mort sur le plan subtil................................85
L'enlèvement des couches par une âme...................................87
La prolongation de la vie..89
Comment les prières affectent l'ascension de l'âme......................92
D'où l'âme prend-elle de nouvelles couches?.............................93
Où l'âme d'un humain se dirige après le départ du corps...............95
Le Répartiteur dans la sixième race..96

Le Dernier Jugement...96
Le purgatoire...98
Est-ce que les âmes mêmes sont détruites et pourquoi.............…......99
Qu'est-ce que représente le processus du décodage.............…..........101
Où les âmes viennent après le Jugement...............................…......102
Les âmes dans une période de changement des races................…......103
Les âmes des animaux après la mort..................................…...…......104
Sommaire...105

La liste des livres
Série « Au-delà de l'inconnu »
Seklitova L.A & Strelnikova L.L

Site : www.6paca-france.com
Mail : 6paca.fr@gmail.com /ou simon.couvin@gmail.com

FACILE
« L'Esprit Supérieur révèle les mystères » (FAQ)
« Terrestre et Éternel » (FAQ)
« Les mystères du 21ème siècle » (FAQ)
« Le chemin de l'inconnu » (FAQ)
« L'illusion de vérité » (FAQ)
« Rencontre avec les invisibles »
« La création des formes ou bien les expérimentes de l'Esprit Supérieur»
« L'Homme de l'ère du Verseau »
« Le dictionnaire de la philosophie cosmique »
« Le mystère de la réalité »
«La révélation du cosmos»
« le mystère à la réalité »
« Le Formule de l'évolution »
« L'homme de la race d'or »
« Le feu de Prométhée ou la mystique »
« La réponse de Pythagore » (FAQ)
« Les secrets énergétiques d'un mariage durable »
« Les capacités paranormales »
« La transformation des âmes de différentes formes de vie »
« Les doubles de la Terre »
« Le but du développement de l'homme »

MOYEN
« L'Âme et les mystères de sa structure» (FAQ)
« Les mystères des mondes Supérieurs » (FAQ)
« La vie secrète des Maitres Célestes » (FAQ)
« La structure d'énergie d'une personne et de la matière » (FAQ)
«Les perles des vérités Supérieurs »
« Conversation sur l'inconnu »

« La matrice – base de l'âme »
« Le doigt du Destin »

DIFFICILE
« La philosophie de l'éternité »
« La philosophie de l 'Absolu »
« L'individuel et l'éternité »
« Formation de l'âme ou paradoxale philosophie »
« Le nouveau modèle de l'Univers, et le mystère de l'univers, est ouvert »

TRÈS DIFFICILE
« Les Lois de l'Univers »

Série « Encyclopédie d'une Nouvelle Ère »
Seklitova L.A & Strelnikova L.L

MOYEN
4. « La naissance, la mort et le Karma » Tome 4
5. « L'Amour, la Famille et les Enfants » Tome 5
6. « L'évolution de l'Humain » Tome 6
9. « La personne extraordinaire » Tome 9

DIFFICILE
1. « Le création de l'Homme » Tome 1
2. « Le création de l'âme » Tome 2
3. « Le développement de la mentalité » Tome 3
7. « Le Choix de l'Âme ou bien l'Évolution positive et négative d'une personne » Tome 7
8. « Le Sort, le Destin ou bien le Rôle des Programmes dans l'Évolution d'une personne » Tome 8
9. « L'Humanité » Tome 9
10. « L'Homme Incroyable » Tome 10
11. « Nouvelles informations sur la religion » Tome 11

SECTION : « La race de la Terre d'or »

DIFFICILE
12. «La terre, une planète sage » tome 1

108

13. «Les mystères du Temps » tome 2
14. « L'univers et ses mondes » tome 3

Série « Magie de la Perfection »
Seklitova L.A & Strelnikova L.L

FACILE

« La Liberté et la Inévitable »
« Les leçons Karmiques du Destin »
« Le Grand Passage ou les Variantes de l'Apocalypse »
« Pourquoi les changements de la Terre »
« Le Formule de l'évolution »
« La Terre – 21 siècle »

MOYEN

« La Phénomène de l'âme »

Série « Spiritualité à Aphorisme »
Seklitova L.A & Strelnikova L.L

FACILE

Cette série Cette série comprend des livres suivants: « Facettes du diamant », « Blues d'étoile », « Miroir de la sagesse », « Pétales du lotus », « Ode de l'éternité », « Sonate de la vérité », « Sagesse *à aphorisme* », « Vérités éternelles ».